당신에게
몽골을 건넵니다.

두근두근 몽골 여행

Дэмий гэж үү ?

두근두근 몽골여행

Дэмий гэж үү?

표현준 지음

꿈의지도

Prologue

특별한 여행을 꿈꾸는 당신에게

미국 출신의 여행가 카산드라 드 페콜Cassandra De Pecol은 2015년부터 18개월 동안 거의 모든 국가(UN에 등재된 196개국)를 방문해 기네스북에 등재되었고, UN 홍보대사가 되었다. 그녀에게 기자들이 뻔한(?) 질문을 던졌다.
"어떤 나라가 가장 좋았어?"
이 질문에 그녀가 최고의 여행지로 꼽은 곳이 바로 몽골이다. 자연과 하나 되는 기분, 드넓은 초원에서 말을 타는 경험이 몽골을 최고의 여행지로 선택한 이유라고 했다. 세계적인 여행 잡지 〈론리 플래닛〉에서도 꼭 가봐야 할 여행지 10개국 중에서 몽골을 단연코 1위로 선정했다. 도대체 몽골에 무엇이 있길래 이렇게 입을 모아 몽골을 예찬하는 걸까?
13년 동안 몽골을 20번 여행하고도 매년 또다시 몽골을 찾는 나에게도 사람들은 신기하다는 표정으로 묻는다.
"도대체 몽골에 뭐가 있길래 그래?"
몽골의 21개 아이막 중 15개 아이막을 경험했고, 최남단 고비와 최북

단 홉스골에서 러시아 국경까지 그리고 몽골의 서쪽 끝 바양울기에서부터 울란바토르까지 긴 여행을 했다. 십 년이 넘는 세월 동안 몽골의 봄, 여름, 가을, 겨울을 온몸으로 경험한 지금에서야 비로소 그 질문에 답할 수 있을 것 같다. 몽골에는 진정 '아무것도 없는 것이 매력'이라고. 그럼에도 불구하고 세상의 어떤 여행지보다 특별하다고.

몽골은 세계에서 인구 밀도가 가장 낮다. 몽골의 전체 인구는 약 380만 명인데, 그중 절반이 수도인 울란바토르에 살고 있다. 나머지 인구의 반(대전시 인구 규모)이 한반도의 약 7배 정도 되는 면적에서 흩어져 산다. 인구 밀도가 낮다는 게 정확히 어떤 느낌인지, 대한민국에서 태어나고 살아온 우리는 잘 이해하지 못할 수도 있다. 그 느낌은 직접 몽골을 경험하기 전에는 쉽게 와닿지 않는다. 사람이 없다는 것, 아니 사람뿐 아니라 아무것도 없다는 것은 전혀 다른 눈으로 세상을 보게 만든다. 사람을 피해 떠나온 여행자라도 사람을 만나면 반가워서 악수를 하고 싶은 마음이 든다. 도시의 흔한 가로수 한번 쳐다보지 않던 사람도 고비의 깊은 곳에서 발견한 나무 한 그루에 시선을 뗄 줄 모른다. 어쩌다 우물이라도 있으면 차를 세우고 한참을 바라보게 된다. 마치 지구의 민낯을 보는 것처럼 텅 빈 땅과 하늘이 여행에서 만나는 전부일 때는 마음이 바뀌고 생각이 바뀐다. 참 신기하다.

인적 없는 초원 위에서 하룻밤을 보내는 상상을 해본 적이 있다면 아프리카로 갈 게 아니라 몽골로 가라. 지평선과 나만 존재하는 초원 위에 텐트를 치고 하룻밤 보내기에 몽골만큼 좋은 곳은 없다. 반듯한 지구를 베고 누워 불어오는 바람을 만나고, 하늘의 별을 보라. 도시라는 인큐베이터에서 안전하고 불편함 없이 살아온 우리가 자연을 가장 가까운 곳에서 만나는 경험은 반복되는 일상에서 무뎌져 가는 오감을 새록새록 일깨운다. 편의점도 편의시설도 없는 여정이지만 경험하는 모든 것이 부족한 것을 채워 주고도 남을 만큼 충분하고 소중하다. 알타이산맥을 건너며 시유레 솜에서 희귀한 돌을 파는 유목민을 만난 적이 있다. 그들이 가지고 있던 수박을 흥정하여 한 개 구입했다. 고비에서 맛보는 수박의 맛을 당신은 상상할 수 있을까? 만약 누군가 몽골 여행에 대해 묻는다면 '고비에서 한 입 깨물어 먹는 수박 맛'이라고 대답하겠다.

지인들로부터 여행정보서를 써 보라는 이야기를 많이 들었지만, 사실 몽골은 여행정보서가 필요 없다. 넓은 초원은 경계도 이름도 없으며, 사막이나 호수는 셀 수도 없이 많은데 여행정보라는 게 무슨 쓸모가 있을까? 그저 말을 타고 별을 보며 지평선, 비, 바람, 초원, 허브 향, 여백, 일출과 일몰을 즐기는 것으로 충분하다. 그래서 이 책은 몽골 여행에 관한 이야기다. 지금까지 경험한 낯선 장소와 스쳐간 인연들, 함께한 추억, 각기 다른 계절의 변화까지 고스란히 책에 담았다. 인생에서 몽골 여행을 책으로 펴낼 수 있는 기회는 단 한 번 뿐이라는 생각에 보다 다채로운 몽골 이야기를 담기 위해 노력했다.

비록 몽골 여행을 위한 항공편, 교통, 구체적인 지역 정보는 제공하지 않지만, 특별한 여행을 꿈꾸는 당신에게 필요한 '마음 준비'를 위한 책이 될 수 있을 것이다. 그곳에서 만나게 될 무엇을 설명하기보다 당신의 마음 안쪽 깊은 곳에 있는 감정을 안내하는 가이드가 되었으면 한다. 이 책이 당신을 몽골의 초원으로 안내하길. 그리하여 당신이 경험하지 못한 여행, 마음속 깊은 곳에 숨은 자신을 만날 수 있기를 바란다.

'두근두근 몽골 원정대'를 통해 수많은 사람들과 같이 몽골을 여행했다. 여러 지역을 방문한 것뿐 아니라 다양한 방식의 여행을 시도해 보았다. 여러 동행들에게 '몽골을 찾은 이유와 여행 후의 느낌'을 들었다. 낯선 몽골 여행을 꿈꾸는 사람들의 두근거리는 마음이 닿아 한결같이 몽골을 찾는 에너지가 되었다. 함께 몽골을 여행했던 몽골 원정대에게 우리들의 추억과 감사를 전한다.

표현준

Contents

Prologue   특별한 여행을 꿈꾸는 당신에게 006

1장 몽골에서 만나는 일곱 가지 경험

별 018 | 몽골의 별이 특별한 이유 022 | 초원 026 | 아름다운 것 028 | 초원을 걷다 030 | 몽골 초원이 특별한 이유 034 | 매직아워 038 | 고요의 시간, 매직아워 040 | 승마 044 | 몽골에서 말 타기 046 | 바람 050 | 바람을 향해 서다 053 | 지평선 056 | 하늘과 초원의 경계 058 | 우연한 만남 062 | 유목민을 만나다 064 | 초원의 주인, 가축 070

2장 당신에게 몽골을 처방합니다

비움의 의미 076 | 나를 찾는 여행 078 | 초원에 시계가 필요하지 않은 이유 082 | 우리는 별을 만나기 위해 그곳에 가지만 086 | 초원 위의 두근두근 몽골 원정대 090 | 두근두근 몽골 원정대에게 097

3장 몽골 여행의 소확행

게르 102 | 비 104 | 어워 112 | 자연 화장실 114 | 소리 118 | 푸르공 122 | 마두금 127

4장 몽골 여행 준비

초원의 색 130 | 몽골 여행은 J보다는 P스럽게 133 | 왜 몽골 여행은 준비할 것이 많을까? 135 | 이떤 옷을 준비해야 할까? 138 | 몽골의 계질 이야기 140 | 몽골어 배우기? 145 | 좋은 여행을 위한 준비 148

5장 몽골 여행의 장애물

좋은 여행 152 | 소중한 것은 스케줄에 넣을 수 없다 154 | 몽골의 술, 마유주와 보드카 159 | 몽골의 음식 162 | 이흐가즈링 촐로 원정대 실종사건 165 | 두려움과 두근거림은 종이 한 장 차이 172 | 늑대가 무서워? 날벌레가 무서워? 175 | 초원에서 차가 고장나면 생기는 일 177 | '어디'보다 '누구와'가 더 중요한 여행 181

6장 초원과 하늘 사이의 여행

항가이에서 만난 아이들 186 | 가까운 관광지 테를지 189 | 미니 사막 엘승타슬하이 191 | 초원, 진정한 몽골 여행의 시작 195 | 초원 위에 고인 하늘, 호수 여행 196 | 새벽 타미르강으로 홀로 떠난 백패킹 202 | 우브르항가이 나이망의 기억들 208 | 그곳에서 우리가 만난 것은 기적이고 행운이었다 212

7장 특별한 몽골 여행, 홉스골과 고비

몽골의 계절 218 | 하트갈 달라이 캠프의 고요한 아침 220 | 차탕 마켓을 만나다 225 | 홉스골 겨울 여행 227 | 고비로 떠나는 날 아침 239 | 고비에서 우물을 만나면 244 | 〈드래곤 볼〉의 풍경, 이흐가즈링 촐로! 248 | 대지 위의 첫 밤, 차강소브라가 254 | 평평한 반원 위의 별 261 | 홍고링엘스 사막 위의 하룻밤 265

8장 낯선 몽골 여행, 몽골의 서쪽에서 동쪽까지

먼 여행에서 다시 초원 여행으로 274 | 타왕복드에서 울란바토르까지 2,200km 276 | 몽골의 지붕, 카자흐스탄의 도시 바양울기에서 반나절 280 | 까만 밤 눈부신 아침 두 개의 서쪽 하늘, 그날의 기억 285 | 빙하의 눈물, 차강걸 289 | 타왕복드, 몽골의 가장 높은 곳에 오르다 292 | 초원의 끝 알타이 타왕복드 국립공원 297 | 바양울기 유목민과 세 번의 만남 303 | 타왕복드 탈출기 309 | 몽골에서 가장 아름답다는 오브스에서 만난 것은 312 | 오브스 히르가스호수에서 318 | 사막과 만나는 에메랄드빛 호수 325 | 가을, 몽골 동쪽 헨티 여행 330 | 초원의 낮삼 336 | 함께 갑시다 340

Epilogue   여행을 함께한 당신에게 344
           몽골 친구 자화의 글 348

1장

몽골에서 만나는
일곱 가지 경험

Photo Essay

1장 · 몽골에서 만나는 일곱 가지 경험

별

고개를 들면 어디서나 볼 수 있는 별이지만
내 마음을 흔들어 놓은 것은 깊은 밤,
하늘 위가 아니라
눈높이로 사방에 흐르는 별이었다.
나는 초원에 우두커니 선 채
우주인이 된 것만 같았다.
별 무리에 홀려
모닥불 기운조차 닿지 않는
컴컴한 우주를 향해 걸어갔다.

몽골의 별이 특별한 이유

○

고백건대, 내가 태어나서 가장 많은 별을 본 건 몽골이 아니다. 빅 아일랜드 마우나케아 천문대가 있는 새들로드Saddle Rd에서 쏟아질 듯이 많은 별을 경험했다. 하지만 별의 양과 밝기만으로 최고를 꼽는 것은 선명한 사진이 최고라는 주장과 같다. 해는 어디에서나 지지만 수평선이나 지평선의 일몰에 사람들이 더 열광하는 이유는 뭘까?

몽골의 별이 특별한 이유는 초원의 여백 때문이다. 한눈에 담을 수 없을 만큼 드넓은 초원의 여백은 별이 주인공이 될 수 있도록 자신의 몸을 낮춘다. 수많은 사람들이 몽골 여행 하면 한눈에 담을 수 없는 별을 보겠다고 벼른다. 하지만 몽골의 별은 맡겨둔 은행 예금처럼 내가 원할 때 찾을 수 있는 게 아니다. 여행 일정 동안 한 번도 별을 보지 못한 채 비행기에 오른 적도 많다. 몽골에 가면 아무 때나 별을 볼 수 있을 거라는 기대는 하지 않는 게 좋다. 귀하고 아름다운 것은 쉽게 손에 닿지 않는다.

별을 보고 싶다면 별 볼 확률을 높이기 위한 준비가 필요하다. 우선 달의 크기를 살펴보는 게 좋다. '오늘 달 모양'이라고 검색하면 월별 달의 모양을 미리 확인할 수 있다. 가급적 보름달을 피해서 여행 날짜를 잡아야 실패 확률이 낮다.

은하수를 보고 싶다면 4월에서 8월 사이를 택하는 것이 좋다. 단, 봄에는 모래바람이 불고 관광 성수기인 몽골의 여름은 우기라서 구름 때문에 별을 보지 못할 확률이 높다. 또한, 아무리 몽골이라 해도 광원이 많은 도심이나 테를지, 여행자 캠프에서는 드라마틱한 별 관측이 어렵다. 만약 주변에 작은 빛이라도 있는 환경이라면 짙은 어둠이 있는 곳으로 이동하자. 별에 진심을 보여야 별도 우리에게 진심을 내어 준다. 몽골은 한여름에도 밤이 되면 기온이 뚝 떨어지니 방한 준비가 필요하다. 돗자리나 의자를 준비하면 별을 편하게 감상할 수 있다. 여기까지는 인터넷만 검색해 봐도 얻을 수 있는 정보들이다.

지금부터는 독자들을 위해 나만의 별 감상법을 소개하겠다. 별은 서서 봐도 좋고 앉아서 봐도 좋지만, 가장 좋은 방법은 누워서 보는 것이다. 무슨 큰 차이가 있을까 싶겠지만 분명 차이가 있다. 특히 사방이 지평선인 초원 한가운데 누워서 별을 보면 머리 위부터 발끝까지 온통 별이다. 그 자세를 취해야 비로소 우주 한가운데 떠 있는 기분을 느낄 수 있다.

별을 볼 때는 가만히 바람 소리를 듣는 것도 좋지만 조용한 음악과 함께한다면 더 좋다. 중요한 것은 한두 곡만 듣고 스피커를 끌 것. 음악 뒤에 찾아오는 고요는 밤하늘의 별을 더욱 빛나게 한다. 하지만 초원의 밤, 주인공이 오직 별뿐이라고 생각하지 말자. 별 말고도 근사한 것들이 밤의 장막 안에 가득하다. 밝은 한낮, 시각에 많이 의존할 때는 느끼지 못했던 다른 감각이 밤이 되면 우수수 깨어난다. 먼 소리도 가까이 들리고 작은 바람도 더 섬세하게 느껴진다.

내 안의 다른 감각에 귀 기울이는 시간은 소중하다. 보름달이 뜨면 별은 보이지 않지만 달빛이 비추는 초원의 풍경도 아름답다. 밝은 달빛 아래 드러나는 무채색의 풍경은 흑백사진처럼 아련하고 고즈넉한 분위기를 자아낸다. 그러니 혹시라도 별을 보지 못했다고 너무 아쉬워하지 말기를.

Photo Essay

1장 · 몽골에서 만나는 일곱 가지 경험

초원

초원에는 길이 없다.
하지만 걸음을 옮기면 옮기는 대로 길이 된다.
걸음에 이름을 붙여 나만의 길을 만든다.
저 나지막한 언덕 너머 어딘가로
마땅히 방향을 정하지 않아도 되는
초원 위의 길

아름다운 것

○

몽골의 초원은 아름답다. 화려함이 아닌 단순함에서 느껴지는 아름다움이다. 단순함은 최고의 디자인이다. 지평선, 바위산, 하늘, 사막, 호수가 각각 존재하는 단조롭고 미니멀한 풍경. 하늘은 파랗고 구름은 하얗다. 초록은 초원의 것, 노랑은 사막의 것이다. 모든 사물이 고유의 색을 가지고 있다.

초원은 소리도 단순하다. 지평선 한가운데 홀로 서 있어 본 사람이라면 그 정적이 어떤 의미인지 이해할 수 있다. 세상에 존재하는 소리는 오직 내가 만든 것들뿐이다. 호흡하는 소리, 발자국 소리, 옷깃이 스치는 소리. 복잡하고 소란한 것들로 채워진 도시에서는 존재조차 찾을 수 없이 묻혀 있던 나지막한 소리들이다.

소리 역시 섞여 있지 않고 막 잘라낸 가래떡처럼 각각 존재한다. 이것을 '아름답다'고 말하면 유목민은 아마 '왜?'라고 반문하겠지만 복잡한 도시에서 온 우리는 이 말 이외에 달리 표현할 방법이 없다.

초원을 걷다

○

'너무 빨리 걷지 마라. 영혼이 따라올 시간을 주어라'

네팔의 속담이다. 그런데 나와 함께 걸어 본 사람들은 열이면 열 한결같이 말한다.

"걸음이 너무 빨라요."

아무래도 도시 여행이 나를 그렇게 만든 것 같다. 이 골목 다음에 무엇이 있을까? 주어진 시간 동안 더 많은 것을 만나고 싶은 조급함에 걸음이 빨라진 것이다. 또 하나는 사진 때문이다. 사진을 찍다 보면 일행들보다 처지는 경우가 많다. 그래서 더 빨리 걸어가 촬영하고 일행과 보폭을 맞추는 게 습관이 되었다. 여행과 사진에 빠져 이삼십 대를 보내고 이제 더 이상 카메라를 두세 개씩 주렁주렁 들고 다니며 쫓기듯 여행하지 않게 되었지만 걸음걸이는 그대로 남아 있다. 특별한 이유도 없이 남보다 빠른 속도로 앞서 걷다가 멈춰 기다리기를 반복한다. 고쳐보려고 노력해도 영 쉽지 않다. 이 버릇은 교정을 포기하고 그냥 '나다움'이라 생각하기로 했다. 도시에서는 걸음뿐 아니라 생각도, 삶의 방식에도 남들과의 보폭이 중요하다. 먼저 가도 늦어도 눈에 띈다. 늘 남과 비교하고 의식한다.

그런데 초원에서는 빨리 걸어도, 천천히 걸어도 상관없다. 걸음 속도를 비교하는 것 자체가 의미 없다. 지평선을 향해 제아무리 빨리 걸어봐야 제자리일 뿐이다. 초원 위의 걸음은 나에게 다시 태어난 것처럼 새로운 의미가 되었다.

"나는 걸을 때만 명상에 잠긴다. 걸음을 멈추면 생각도 멈춘다. 나의 마음은 언제나 나의 다리와 함께 작동한다."

_장 자크 루소, 〈고백록〉 중에서

초원의 걷기는 혼자여도, 여럿이어도 상관없다. 하지만 서로 멀찍이 떨어져 일정 시간 말없이 걷는 것도 추천한다. 입을 다물면 코로 호흡하는 것이 가능하다. 코로 호흡하는 것이 건강에도 좋다. 그러니 초원에서는 잠시 침묵할 것. 침묵은 보다 많은 감각을 깨어나게 한다. 시각은 물론이고 소리, 바람, 땅에서 전해지는 감각까지 일깨운다. 초원을 걷는 동안은 머릿속에 떠오르는 온갖 생각이나 잡념은 버리고 오롯이 걷는 순간만을 인식하고 즐기자.

몽골 초원이 특별한 이유

○

얼마 전 튀르키예에 다녀온 친구에게 그곳의 자연은 어땠는지 물어보았다. 그는 하나하나 느낀 점을 몽골과 비교하면서 이야기했다. 튀르키예의 자연이 몽골과 비슷해서 그렇게 말하는 거냐고 물으니, 몽골에 다녀오고 난 뒤로 어느 나라의 자연을 여행해도 몽골을 기준으로 삼고 바라보게 되었다고 했다.

나 역시 비슷한 경험이 있다. 나는 두 번의 미서부 국립공원 여행을 했다. 첫 여행에서는 광활한 풍경에 압도되었지만 두 번째 여행에서는 어쩐지 조금 시큰둥해졌다. 아마도 두 여행 사이에 몽골 초원을 경험했기 때문인 것 같았다. 아프리카 모로코에서 만난 초원도, 스페인 남부 안달루시아의 초원도 광활했지만 몽골의 초원이 주었던 감동을 뛰어넘지는 못했다.

도대체 무엇이 달랐던 걸까? 우선 곧게 깔린 아스팔트다. 미서부에서는 시원하게 쭉 뻗은 도로가 도시와 도시를 연결해 준다. 길 옆으로는 사람의 손이 닿지 않은 거친 자연이 펼쳐져 있다. 도로와 자연의 경계는 누구에게는 두려움, 또 누군가에게는 극복의 대상이다.

몽골도 최근 모든 아이막 사이에 고속도로가 놓였다. 하지만 몽골의 도로는 모두 초원의 길로 이어져 있다. 몽골의 포장도로는 자연을 만나기 위한 여정이다. 초원의 길은 유목민이 지나간 흔적이다. 흔적을 따라가 보면 그 길 끝에는 게르가 있다. 몽골의 초원이 특별한 이유를 알았다. 눈에 보이지 않아도 아득한 풍경 깊숙한 곳에, 시선이 닿지 않는 저 너머 어딘가에 유목민과 가축이 있고 그들의 삶이 있기 때문이다.

Photo Essay

1장 · 몽골에서 만나는 일곱 가지 경험

매직아워

거대한 자연 앞에 서면
마음을 어지럽히던 사소한 문제들에서
마음이 놓여난다.
다 별것 아니었음을 알게 된다.
더 놀라운 것은 해가 지고
밤이 찾아오는 순간
소리 없이 변화하는 하늘의 색이다.
인간이 흉내 낼 수 없는
총 천연의 다채로운 빛깔

마법의 시간이다.

고요의 시간, 매직아워

○

몽골에 도착한 관광객 대부분은 여행 첫날밤을 울란바토르에서 보낸다. 하지만 나는 어쩔 수 없는 경우가 아니라면 서둘러 도시를 빠져나간다. 자연을 여행하는 사람에게 일출과 일몰은 한 번이라도 놓치기 아깝기 때문이다. 그날의 '일출'과 '일몰'은 단 한 번뿐이니까.

멀리 동이 트는 하늘에서 떨어지는 빛이 미스트처럼 미세하게 얼굴에 뿌려지며 부드럽게 잠을 깨운다. 눈을 뜨면 텐트 스킨에 중화된 이른 아침의 푸른색이 눈을 적신다. 하루 중 의식이 가장 맑은 시간. 밤을 지새우던 것들도 설핏 잠이 들고 아침을 기다리는 것들은 아직 깨지 않은 고요의 시간. 이 시간을 오롯이 즐길 수 있다는 건 축복이다.

하루 해가 빨갛게 서쪽 하늘을 물들이다 지평선 아래로 사라질 때면 어김없이 반대편 하늘은 검푸른 빛으로 물든다. 저렇게 큰 태양이 땅 아래로 떨어진다면 고막을 찢어버릴 만큼 무거운 소리가 나도 이상하지 않을 텐데 세상은 고요하다. 소리 하나 없이 변화무쌍하게 색을 바꾸는 저녁 하늘은 황홀하다.

우리는 인스타나 블로그에 소개된 사진에 반해 여행지를 찾는다. 하늘과 땅의 노출이 비슷해지는 매직아워에 담은 사진들이 대부분이다. 그런데 우리는 그 시간 무엇을 하고 있었나? 아마도 자고 있거나 저녁 식사를 하고 있을 것이다. 건물 밖으로 나오면 이미 밖은 환한 대낮이거나 어두컴컴한 밤이다.

매직아워에는 사물의 디테일이 사라지고 색이 살아난다. 색은 감정을 어루만지는 힘이 있다. 우리는 색에 숨이 멎고, 말을 잊고, 눈물을 흘리는 존재다. 그러니 몽골의 아름다운 자연을 만나고 싶은 사람은 기억하자. 기회는 오직 하루에 두 번뿐이다. 3박 4일의 여행 일정이라면 딱 세 번의 기회만 주어지는 일몰과 일출. 비가 오거나 구름이 지평선을 덮으면 그 기회마저 놓칠 수 있다. 장담할 수 없어 더 애타게 기다려지는 시간이다. 하루에 한 번뿐이라 아쉽고, 거대한 그라데이션을 한눈에 담을 수 없어 아쉽다. 그래서 나는 여행 첫날 울란바토르를 벗어나 자연으로 향한다. 매직아워를 만나기 위해.

Photo Essay

승마

말을 타고 초원을 달리는 것보다
더 좋은 것이 있다면
그것은 말과 함께 길을 모색하는 것
굳이 말하지 않아도
내 몸짓과 몸의 기울기로
마음을 주고받으며 길을 찾는
몽글한 시간

몽골에서 말 타기

○

몽골에서 경험하고 싶은 것을 꼽으라면 초원에서 말타기를 빼놓을 수 없다. 몽골에서 말타기가 특별한 이유는 광활한 초원 때문이다. 물론 말을 타자마자 멋지게 초원 위를 달리는 건 어렵다. 승마 체험을 가면 처음에는 유목민이 잡아주는 말을 탄다. 그다음에는 혼자 말 위에 올라타서 천천히 걸어보고, 그다음은 속보를 하고, 그다음은 달린다. 개인차는 있지만 세 번 정도 말을 타면 어느 정도 성과를 낼 수 있다.

몽골에 가기 전 마사회에서 8주간 승마 교육을 받기도 했는데, 초원에서 달려보니 그런 교육은 쓸모 없었다. 양팔을 좌우로 펼친 채 말을 타고, 실내 트랙을 돌면서는 내내 불안했다. 오로지 '위험한 것에 올라 있다. 떨어지지 말아야 한다'라는 생각뿐이었다. 그런데 드넓은 초원을 달릴 때는 그야말로 흥분되는 감정을 느낄 수 있었다(물론 말타기는 아무리 주의를 강조해도 지나치지 않다). 말을 타고 초원을 달리는 것보다 더 좋은 경험은 말과 함께 길을 모색하는 것이다. 앞에 수풀이 있거나 울퉁불퉁한 지형이 있거나 시냇물이 있을 때 함께 소통하며 길을 찾아가는 경험은 특별한 감동을 준다. 동지처럼 전우처럼 다른 생명체와 나눈 끈끈한 교감은 실내 트랙에서 느낄 수 없는 환희를 선물해 준다.

승마에서 가장 짜릿한 경험은 산에 오르는 것이다. 말 등에 몸을 맡기고 오르는 경험은(언어가 아니라 몸짓으로 마음을 나누는) 처음 느껴보는 감정을 불러일으켰다. 정상에 올라 말 위에서 바라본 능선 너머의 풍경은 애쓰며 올라온 말의 피곤까지 더해져 몇 곱절 애틋한 감사와 황홀경을 선사했다. 그런 내 기분을 아는지 말은 나의 촉촉한 눈가가 마를 때까지 가만히 기다려 주었다.

1장 · 몽골에서 만나는 일곱 가지 경험

말을 탈 때 주의해야 할 점

1 말의 뒤로는 절대로 가면 안 된다!
말의 시야에서 벗어나는 곳이기 때문에 말이 자신의 뒤에서 기척을 느낀다면 본능적으로 뒷발질을 할 수 있다.

2 말에 오르고 내릴 때는 항상 말의 왼쪽을 이용한다.
대부분의 말들은 왼쪽으로 오르고 내리도록 교육받는다.

3 등자에 발은 앞꿈치 정도만 얹어준다!
불시에 말이 이상 행동을 하거나 빠르게 달리면 낙마할 가능성도 생긴다. 그럴 때 등자에 발이 깊게 들어가 있다면 말에게 끌려가는 큰 사고로 이어질 수 있기 때문에 특히 주의해야 한다. 수시로 들어가는 발을 의식적으로 계속 빼주어야 한다.

4 등자의 조절 높이는 무릎이 너무 굽혀지거나 너무 펴지지 않도록 조절하자.
등자의 높이가 자신과 맞아야 말을 탈 때 덜 힘들고 유동적인 자세가 가능하다.

5 고삐 잡는 법
• 고삐는 너무 팽팽해도 안 되고 너무 느슨해도 안 된다. 딱 적당히 잡아야 한다.
팽팽하면 말이 스트레스 받고, 느슨하면 말을 다루기 어려워진다. 가장 적당한 길이는 고삐를 잡고 나의 명치로 가지고 왔을 때 명치와 고삐줄 사이가 주먹 한 개에서 한 개 반 되는 정도다.
• 고삐를 잡을 때는 새끼손가락 사이와 엄지 검지 사이로 주먹을 쥐면 된다.

6 말의 방향 전환 및 정지
왼쪽으로 가고 싶으면 고삐를 왼편으로, 오른쪽으로 가고 싶으면 오른편으로 당긴다. 말을 멈추고 싶을 때는 가슴 쪽 정면으로 당기는 방법이 잘 알려진 방법이지만, 그것보다는 오른편이나 왼편(자기 몸 쪽으로)으로 당겨서 방향 전환을 통해 멈추는 것을 추천한다.
정면으로 세게 당길 경우 말이 앞발을 들 수도 있고, 달리고 있을 시에는 불안정해질 수 있기 때문이다.

Photo Essay

1장 · 몽골에서 만나는 일곱 가지 경험

바람

먼 곳에서 바람이 오니
초원의 잔디들은
납작 엎드리고
하늘은 이마에 닿을 듯 가깝고
풍경은 닿지 않을 만큼 멀다.
저만치 아이들은
한 걸음이 열 걸음처럼
멀어진다.

1장 · 몽골에서 만나는 일곱 가지 경험

바람을 향해 서다

○

나는 바람을 좋아한다.
바람이 불면 바람을 향해 선다.
내 몸에 붙은 먼지와 나쁜 생각을 데리고 먼 곳으로 사라지는 바람.
길이를 가늠할 수 없는 흐름 속에 눈을 감고 두 팔을 벌리면
흐르는 것이 바람인지 나인지 분간하기 어렵다.
초원의 바람은 숨을 죽인 채 흐른다, 고요….
나뭇가지 부비는 소리도, 바삭하게 마른 잎이 구르는 소리도 없이
그저 조용히 풀이 누울 뿐이다.
머리를 빗질하듯 넓고 부드러운 빗자루 솔로 초원을 어루만지는 바람.
바람은 이름이 많다.
고흐가 영감을 받았다는 프랑스 남부의 바람 미스트랄
캐나다 로키산맥의 사면을 타고 내려오는 바람 자누크
폭스바겐의 베스트셀러 자동차 골프, 파사트, 제타, 시로코도
바람의 이름. 내가 좋아하는 몽골의 바람 이름은 고요.

Photo Essay

1장 · 몽골에서 만나는 일곱 가지 경험

지평선

인간이 땅을 딛고 볼 수 있는
가장 넓은 시야를 가진 곳
반구의 지평선
지평선 아래로 사라지는 해를 보고
다시 등 뒤로 떠오르는 해를 본다.
텅 빈 초원이 가르쳐 준 적막
그 여백에서 배운 먹먹함과 가슴 벅참
먹먹한 적막은 시각도 청각도 아닌
몽골의 공감각이다.

하늘과 초원의 경계

○

초원과 하늘의 경계는 단조롭다. 일상이 복잡하고 사람 때문에 힘들 때마다 간절해지는 여백이다. 그 풍경을 떠올리면 내 안에서 부딪히던 갈등이 한 뼘 녹아내린다. 자로 그은 듯 죽 뻗은 지평선도 있지만, 나지막하고 완만한 능선도 몽골의 지평선이다. 초원 여행을 하다 보면 길 좌우로 높고 낮은 능선이 부드럽게 때로는 멀찍이 떨어져 여행자를 유혹한다. 가끔은 차를 돌려 능선을 넘고 싶은 충동이 일기도 한다. 몇 번은 능선이 유혹하는 대로 핸들을 돌리기도 했고, 차를 세우고 걸어 오르기도 했다. 거리가 얼마나 되는지도 궁금했고, 무엇보다 능선 너머의 풍경이 궁금하기도 했다.

이 부드럽고 나지막한 초원의 지평선을 사진으로 기록하는 작업을 2011년부터 해오고 있다. 지난 2019년 10월 몽골 울란바토르에 있는 유니언 오브 몽골리안 아티스트 갤러리 Union of Mongolian Artist Gallery에서 사진전을 열었다. 먼 서쪽 울기부터 북쪽의 홉스골, 남쪽 고비 그리고 몽골의 중심 항가이까지 지평선을 이어 전시를 했다. 그 부드러운 선 앞에 인물을 세우고 시간과 공간을 잇는 포트레이트 연작이다. 아직은 수가 부족하지만 앞으로 여행을 계속 이어간다면 언젠가 전시장 한 바퀴를 이어 붙일 수 있는 작품이 완성될 거라 생각한다. 우리나라에도 잠깐 지평선을 만날 수 있는 곳이 있다지만, 사방 지평선을 만나기 위해 몽골에 간다면 고비 여행을 추천한다. 하지만 진정한 지평선은 몽골의 동쪽에 있다. 몇 시간을 달려도 지평선뿐인 세상.

Tip 몽골 동부에 위치한 메넹깅 탈Menengiin tal은 초원이라는 뜻의 대평원이다.
몽골에서 가장 넓은 초원으로 길이 80km이상 지평이 이어지는 장엄한 풍경을 만날 수 있다.

Photo Essay

1장 · 몽골에서 만나는 일곱 가지 경험

우연한 만남

몽골의 도로는 모두
초원의 길로 이어져 있다.
몽골의 포장도로는
자연을 만나기 위한 과정
초원의 길은 유목민이 지나간 흔적
흔적을 따라가 보면
길 끝에 게르가 있다.
눈에 보이지 않아도
아득한 풍경의 깊숙한 곳에
시선이 닿지 않는 저 너머 어딘가에
유목민이 있고
가축이 있고
그들의 삶이 있다.

유목민을 만나다

○

유목민을 만나기 위해 몽골 여행을 하는 사람은 없지만, 여행 중 우연히 유목민을 만나게 된다면 행운이다. 도심과 멀리 떨어진 오지에서 만난 유목민들은 지나가는 여행자가 길을 묻기 위해 문만 두드려도 일단 집 안으로 안내한다. 괜찮다고 해도 굳이 차와 간단한 간식까지 내온다. 생전 처음 보는 사람에게 베푸는 그들의 마음이 얼핏 이해되지 않지만, 고단한 유목민의 삶과 일상을 들여다보면 이내 고개가 끄덕여진다. 일 년 내내 거친 자연 속에서 살아내는 유목민에게 날씨보다 힘든 것은 어쩌면 외로움일 테니까.

몇 날 며칠이 지나도 사람의 흔적조차 만나기 어려운 오지에서는 잠시 스쳐 지나가는 나그네조차 특별하다. 길을 물으러 찾아온 사람도 단순히 스쳐 지나가는 게 아니라 자연이 만들어준 인연이다. 이웃과의 삶이 단절된 도시인에게는 낯설고 그리운 풍경이다.

그들이 초대하는 게르 안은 방의 구분도 가림막도 없다. 경계가 없는 실내 공간조차 초원을 닮았다. 문턱을 넘은 자리에서 그들의 침대며 부엌까지 사적인 생활공간 전체가 훤히 보인다. 중앙 난로 옆 의자에 앉아 정성스런 대접을 받는다. 기분이 좋으면 술을 꺼내고 자고 가라며 붙잡기도 한다.

언젠가 고비 오지에서 아이가 셋 있는 유목민 가족을 우연히 만난 적이 있다. 사막에서 내려와 하룻밤을 보낸 후 울란바토르를 향해 긴 여정을 떠났을 때였다. 도로도 없는 거친 땅을 오로지 희미한 유목민의 바퀴 자국만 따라 달렸다. 도대체 얼마나 달렸을까? 꽤 긴 시간을 달리다 지평선 멀리 게르를 발견하고 길을 묻기 위해 찾아갔다.
세 명의 아이들이 쪼르르 나와 엄마의 다리 뒤에서 눈치를 살폈다. 어른들이 짧은 대화를 나누는 사이 아이들은 어린왕자가 길들인 여우처럼 한발씩 거리를 좁혀왔다. 유목민 가족은 길을 묻기 위해 찾아온 우리를 극진히 대접해 주었다. 아이들은 양젖 짜는 것을 보여주고, 땔감에 사용할 마른 소똥을 지게에 담는 법도 알려주었다. 우리는 감사한 마음을 표현하기 위해 색연필과 스티커를 아이들에게 주었다. 함께 게르 안에 모여 코담배를 교환하고 그들이 내어준 마유주를 마시던 시간. 처음에는 말이 통하지 않아 몽골 친구 자화가 통역을 해주었다. 나는 이것저것 궁금한 것을 물었다. 게르에서 음식을 만들고 보관하는 법, 에어컨이 없는 게르를 시원하게 만드는 법, 비가 오고 바람이 불 때 대처하는 법, 게르 내부가 위치에 따라 어떤 의미와 쓰임새가 있는지 등을 천천히 알게 되었다. 알코올 기운이 들어가니 통역 없이도 소통이 가능해졌다. 함께 웃고 즐겁게 건배했다. 아이들이 가르쳐 준 말똥 담기도 직접 해보았다.

아쉽게도 해가 뉘엿뉘엿 지고 있었다. 울란바토르까지 돌아가기 위해 계획해 놓은 일정이 있었기에 우리는 떠나야 했다. 말을 알아듣지 못했을 텐데도 느낌이 통했는지 낯가림이 없어진 아이들이 가지 말라며 우리를 붙잡았다. 꼬마 여자아이는 우리가 선물해 준 색연필을 손에 꼭 쥐고 엉엉 울었다. 이틀 뒤 비행기 티켓만 아니었다면 정말 하루 더 머무르고 싶었다. 우리를 향해 손을 흔들던 유목민 가족 뒤로 노랗게 물들던 저녁 노을은 영원히 잊을 수 없을 것 같았다.

이후로 세 번 더 고비를 갔지만 그들을 다시 만날 수는 없었다. 2015년에 우리가 갔던 길은 여행자들이 지나는 길도 아니었고, 온종일 차 한 대 지나지 않는 길이었다. 그 유목민 가족은 지금쯤 초원 어디쯤에서 살고 있을까? 뿌리 내리지 않고 떠도는 유목민의 삶. 우리는 서로를 다시 만나기 어렵다는 것을 헤어질 때 이미 알고 있었다.

초원의 주인, 가축

○

한 번이라도 울타리 없는 야생에서 동물과 눈을 마주쳐본 사람이라면 알 것이다. 쭈뼛! 머리카락이 솟는 것 같은 순간과 마음이 찡하게 통하는 순간이 있다는 것을. 종種이 다른 생명체와 서로를 의식한 채 눈빛을 마주하면 그의 영혼이 통째로 나에게 들어오는 느낌. 말 한마디 주고받지 않았어도 두려움과 배고픔, 호기심까지 모든 감정이 눈빛에 들어 있다. 살아 있는 생명과 나누는 교감은 그 무엇과도 비교할 수 없을 만큼 신비롭다.

몽골은 다른 나라의 자연보다는 안전한 여행이 가능하다. 미국이나 캐나다의 트레일에서는 불쑥 나타나는 동물과 마주치면 위협감을 느끼지만, 초원에서는 저 멀리서부터 다가오는 모습이 한눈에 다 보이기 때문에 덜 위험하다. 뿔이 달린 소나 야크도 타 지역의 바이슨이나 무쓰처럼 공격적이지 않다. 하지만 순한 짐승도 화가 나면 공격할 수 있으니, 덩치 큰 가축은 어디서나 항상 조심할 것.

초원을 여행하다 보면 수많은 동물을 만나지만 야생동물은 흔치 않다. 유목민이 기르는 가축이 대부분이다. 초원에서 만난 가축들은 낯선 여행자를 경계하지만, 만약 유목민의 게르에서 하룻밤을 보내거나 주인과 함께 있다면 그들을 가까이에서 볼 수 있다. 원정대 중에는 동물과의 만남을 위해 초원을 다시 찾는 이들도 있다. 양이나 소의 젖 짜는 것을 구경할 수도 있고, 운이 좋으면 직접 해볼 수도 있다. 만약 가까이에서 양을 볼 기회가 있다면 뛰는 양의 엉덩이를 잘 살펴보기 바란다. 뛸 때마다 들썩이는 양 꼬리는 정말이지 너무나 사랑스럽다.

1장 · 몽골에서 만나는 일곱 가지 경험

2장

당신에게 몽골을
처방합니다

Photo Essay

2장 · 당신에게 몽골을 처방합니다

비움의 의미

A: 초원에는 아무것도 없어.
B: 아무것도 없는 곳에서 뭘 하지?
A: 쉬는 거지. 몸도 마음도. 꼭 뭘 해야 해?
B: 아무것도 안 할 거면 집에서 편히 쉬지.
　굳이 그 먼 곳까지 힘들게 갈 필요는 없잖아.
A: 그런데 우리가 집에서 아무것도 하지 않을 수 있을까?
　끼니마다 먹을 것을 고민하고
　무언가 어지르면 다시 정리해야 하지.
　'에라 모르겠다.' 하며 침대나 소파 위에 누워서도
　습관적으로 스마트폰을 만지작거리게 되잖아.
　눈을 감아도 미룬 일과 해야 할 일들 사이에서
　이리저리 끌려다니지 않을까?
　우리가 일상에서 아무것도 안 하고
　멍하니 있는 시간이 과연 존재할까?

나를 찾는 여행

○

갈등, 불안, 우울…. 몇 날 며칠 수없이 반복해 온 생각을 머릿속에서 무한으로 되풀이할 때가 있다. 누구에게도 들키지 않으려고 두꺼운 가방에 꾸역꾸역 눌러 넣고 표정을 감춘 채 가까스로 사회적 관계를 이어간다. 어쩔 수 없이 상황과 역할에 맞는 가면을 쓰고 하루하루 살아가는 우리들. 이런 삶의 방식에 익숙해진 채 살다 보면 가끔은 내가 누군지 모르겠는 순간이 불쑥 찾아온다. 이집트 출신 가수 겸 작곡가 조르주 무스타키 Georges Moustaki 1934~2013는 그의 대표곡 〈삶을 위한 시간 Le Temps de Vivre〉에서 노래했다.

우리 이제 삶을 위한 시간을 가져 봐요. 자유로운 시간 말이에요. 내 사랑하는 이여, 아무런 계획없이 습관적으로 하던 일을 내려놓고 우리의 삶을 꿈꾸어요.

가끔 여유 없는 스케줄, 관계, 나를 감싼 모든 얼개를 벗어던지고 자연으로 들어가 오롯이 혼자가 되고 싶을 때가 있다. '아무도, 아무것도 없는 곳으로 가고 싶어.' 지금이 바로 그런 때라면 당장 몽골로 가는 게 좋다. 초원 위에 홀로 앉아 가만히 귀 기울이면 바람도, 초원도, 아무것도 생각 말고 지금 이 순간에 존재함을 느끼라 한다.

물론 도시를 떠나 몽골까지 와서도 여전히 가면을 벗지 못하는 사람도 있다. 몸은 초원에 있는데 마음을 도시에 두고 온 것이다. 이들에게 필요한 처방이 있다. 스마트폰과 전자기기, 손에 들고 있는 책까지 당장 내려놓을 것. 오직 지금 이 순간에 집중할 것. 가만히 앉아 명상을 하거나 산책, 하이킹을 하는 것도 좋다. 초원의 어둑어둑한 밤하늘 아래 마음을 열고 흘려보내지 못한 지난 일, 시커멓게 묵은 감정을 꺼내 보자. 무엇보다 나 자신에게 미안하다 고백하자. 가식과 체면, 위선을 모두 벗고 괜찮은 척도 그만하자. 내 목소리와 숨소리를 들으며 노래 부르고 춤을 추자. 다시 없을 나를 위해, 나의 삶을 위해.

 조르주 무스타키 〈삶을 위한 시간〉

'나를 찾는 여행'은 몽골에 무척 잘 어울린다. 초원에 서면 나 외에는 아무것도 없기 때문에 자신이 유독 더 잘 보인다. 일행으로부터 십 분만 떨어져도 지구 위에 혼자 덩그러니 떨어진 이상한 체험을 할 수 있다. 지평선 한가운데 오롯이 혼자 남겨지는 기분. 그 순간 불현듯 어떤 생각이 스칠지 직접 느껴 보시라.

초원에 시계가 필요하지 않은 이유

○

처음 몽골에 갔을 때 대학생 챌린지 프로그램의 보도자료를 작성해서 서울로 보내야 했다. 인터넷을 사용할 수 있는 곳은 호텔 로비뿐이라 시간에 쫓기며 기사를 작성했고, 늦은 밤이 되어서야 서울로 메일을 보냈다. 다음 날, 도시를 벗어나는 버스 안에서 스마트폰을 만지작거리고 있었다. 보도자료가 잘 전달되었는지, 기사나 사진에 문제는 없는지. 문제가 있었다면 벌써 연락이 왔을 테고, 아무런 소식이 없다는 건 별 문제가 없다는 뜻일 텐데도 손에 든 스마트폰을 놓지 못했다. 버스가 초원으로 들어서고 곧 통신이 끊어졌다. 단지 시계의 기능만 하게 된 스마트폰을 손에 들고 하릴없이 시간을 확인하고 또 확인했다. 그런 나를 곁에서 지켜보던 자하가 말했다.

"형 이제 일도 마쳤으니 마음 편히 쉬어요. 우리는 지금 초원에 있잖아요. 초원에 사는 유목민은 시계를 보지 않아요."

유목민은 왜 시계를 보지 않을까? 시계 눈금에 맞춰 생활할 필요가 없기 때문이다. 그들은 해가 뜨면 하루를 시작하고 해가 지면 잠을 잔다. 도시는 밤에도 불편함 없이 생활할 수 있지만 자연에서는 힘들다. 전기를 사용하려면 기름을 넣고 모터를 돌려야 하니 꼭 필요한 때가 아니라면 사용하지 않는다. 밤에는 바깥 일도 할 수 없고, 먼 길을 이동할 수도 없다. 유목민이 해의 위치를 살피는 이유다. 가리는 것이 없으니 고개만 들면 시간을 알 수 있다. 우리가 사는 도시는 머리 위로 조각난 하늘뿐이라 해나 달의 위치조차 찾기 어렵다. 그래서 스마트폰을 열어 숫자로 시간을 확인한다.

매년 몽골 여행을 하다 보니 이제는 나 역시 하늘을 보고 해의 위치를 확인하게 되었다. 자연에서는 더 이상 스마트폰을 보지 않게 된 것이다. 그곳에서는 지금이 몇 시인가 보다 언제 해가 지는지가 더 중요하다. 해가 서쪽으로 기울어 갈 무렵이면 팔을 뻗어 지평선 위에 손가락을 올려놓는다. 손가락 하나에 십오 분. 손가락 네 개면 한 시간이다. 엄지를 제외한 여덟 개 손가락 위에 해가 위치해 있으면 두 시간 뒤에 해가 진다. 이 정도가 되었을 때 우리는 가던 길을 멈추고 야영할 곳을 찾는다.

우리는 별을 만나기 위해
그곳에 가지만

○

몽골에 왜 가냐고 물어보면 별을 보러 간다고 말한다. 말을 타고 달리고 싶다고 한다. 지평선에서 불어오는 바람을 보고, 아득한 어디에서 유목민이나 양 떼와의 우연한 만남을 기대한다. 초원에 고인 넓은 호수 앞에, 부드러운 능선 위에 텐트를 치고 싶다고 말한다. 텅 빈 대지 위에서 오롯이 나를 만나고 싶다고 한다. 하지만 지평선까지 이어진 초원, 하늘, 바람, 일몰, 별을 경험하며 일어오는 감정을 함께 나눌 사람이 없다면 나의 울림은 손바닥만 한 심장 크기밖에 되지 않았을 것이다.
결국 별보다 빛나는 것은 무엇이었나?

길도 이정표도 없고, 불을 끄면 내 발조차도 보이지 않는 어두컴컴한 초원에서 두려움 없이 밤하늘을 만날 수 있었던 것은 누구 덕분일까? 아름다운 일몰을 만나기 위해 사막을 건너고 거친 언덕을 오를 수 있었던 힘은, 새벽 비행기를 타고 낯선 도시에 도착할 수 있었던 용기는, 사람의 발길이 닿지 않는 오지로 들어갈 수 있었던 결심은, 푸르공 귀퉁이 그림자 아래 옹기종기 모여 한낮의 뜨거운 태양을 피한 너와 내가 함께 했기 때문 아닐까?

그 존재는 거친 자연으로 걸음을 옮기려는 나에게 손을 내밀어 주었고 낙타의 눈처럼 깊고 어두운 초원의 밤 컴컴한 우주의 한가운데 내 자리를 마련해 주었다. 문득 무섭고 외롭다고 느낄 때 별처럼 곁에 있으니 외롭지 않다는 것을 증명해 준, 떠나오기 전 딱딱한 모양이었던 내가 형체 없이 스며들어 덩어리가 될 수 있었던, 그래서 여행이 끝날 무렵 눈두덩이 퉁퉁 붓도록 만든 그들이 함께 했기에 나의 몽골 여행은 특별했고 초원의 여백을 채울 수 있었다.

사람들은 별을 보기 위해 몽골로 떠나지만 언제나 그곳에서 만난 가장 빛나는 것은 함께 떠난 사람들이었다. 높고 험한 산을 버스로 넘고, 초원을 달리고, 강을 건너는 동안 텅 빈 공간과 시간을 채워준 사람들.

초원 위의 두근두근
몽골 원정대

○

인생에서 여행을 함께 하는 친구가 있다는 것은 매우 특별한 일이다. 자화와 나는 13년지기 여행 친구다. 2011년 여름 우리는 몽골에서 처음 만났다. 만난 지 하루 만에 친구가 되었고, 그 후 10박 11일의 여행을 함께 했다. 아무것도 없는 초원 위 텅 빈 풍경에 무엇이 있어서인지 여행 후 긴 몽골앓이가 시작되었다. 그 느낌은 말이나 글로 전달할 수 없고, 사진이나 영상으로 기록해도 한계가 있었다. 우리의 경험은 패키지 여행으로는 불가능했다. 2015년 홉스골과 고비 여행을 다녀온 후 우리는 밤새 이야기를 나누다가 그동안 우리가 함께하며 발견한 몽골의 대자연과 우리만의 여행 방식, 그리고 자연여행의 가치를 더불어 나누자고 의견을 모았다. 이렇게 호기심 많은 여행가와 몽골을 사랑하는 몽골인이 여행자 그룹을 만들었다. 바로 '두근두근 몽골 원정대'다.

우리는 2016년 토크콘서트를 열고 첫 원정대를 모집했다. 많은 분들의 성원에 힘입어 이틀 만에 정원이 초과되고 두근두근 몽골 원정대 여행이 비로소 시작되었다. 원정대 여행은 일반 패키지 여행과는 다르다. 멤버가 정해지면 그들의 바람을 담아 행선지를 변경하기도 했다. 캠핑이 처음인 멤버들과 야영을 경험하며 까만 밤하늘에 초원의 별을 상상한다.

우리는 야반도주하듯 지는 해를 쫓아 초원으로 들어간다. 해가 지평선에 걸릴 무렵이면 우리는 길가에 차를 세우고 초원으로 들어가 지평선 너머로 사라지는 해를 배웅한다. 처음 밟아보는 초원. 사진으로만 보아오던 그곳의 향과 색과 바람을 마침내 만나는 순간이다. 우리는 첫 만남의 설렘을 초원 위에 새기고 태양의 궤적을 따라 다시 길을 떠난다. 목적지에 도착해 모닥불에 둘러 앉아 이야기를 나누다가 고개를 들어보면 떠나기 전 함께 상상했던 별들이 하늘에 가득하다. 몽골의 첫 날 밤 우리는 반짝이는 별들에 어쩔 줄을 모르고, 별보다 반짝이는 인연들로 가득한 초원에 앉아 평생 잊지 못할 깊은 밤을 함께하며 텐트로 옮기는 몇 걸음조차 아까워 의자에서 잠이 든다.

두근두근 몽골 원정대와 함께 열일곱 번의 몽골 여행을 했다. 시행착오도 있었지만 더 좋은 여행을 만들어가기 위한 소중한 경험이라 생각하고 효율보다는 경험 위주의 여행을 만들려고 노력했다. 지금까지 교통사고, 차량 고장, 나쁜 날씨, 길 잃어버림, 도로 폐쇄 등 많은 일을 겪었다. 우리 역시 처음부터 자연여행의 전문가는 아니었다. 당시만 해도 자연여행의 경험은 일천했다. 지금까지 원정대를 이끌어 올 수 있었던 것은 우리의 부족함을 채워준 친구들 덕분이었다. 자하는 몽골 사람이라면 대부분 아는 셀럽이다. 몽골인 중 페이스북 팔로워가 열 손가락 안에 든다. 몽골 국영방송 9시 프로그램 MC이기도 했고, 베스트셀러를 여러 권 출간한 작가다. 하지만 그의 본업은 계층간 갈등을 해소하기 위해 노력하는 민간 NGO의 리더다. 그가 한 수많은 선행들은 몽골 국민이라면 누구나 알 정도다.

그리고 빌게와 바츠라도 있다. 2015년 우리의 첫 고비 여행을 열어준 빌게는 몽골에서 큰 여행 커뮤니티의 리더이자 사진가로 몽골 자연여행의 경험이 많은 친구다. 그가 안내해 준 고비와 겨울 홉스골은 내 인생 여행에서 세 손가락 안에 드는 경험이 되었다. 작은 체구에 힘이 엄청나게 센 몽골 상남자 바츠라는 몽골에서 알려진 북 커뮤니티 리더다. 그는 유목민의 아들로 말과 함께 자랐고, 말을 키우고 조련했다. 바츠라는 노래도 잘 불러 초원에서 유목민의 노래를 들려주기도 한다. 그외 체체, 미코, 우츠카, 두식 등 어벤저스 같은 친구들의 도움을 받으며 쉼 없이 달려왔다. 원정대의 페르소나를 만들어준 선호와 유리의 도움도 빼놓을 수 없다. 그들 덕에 몽골의 아름다운 자연을 원정대만의 특별함으로 기록할 수 있었다.

가끔 무엇을 위해 혹은 어떤 목적으로 매년 이 여행을 이어가는지 물어보는 사람들이 있다. 나는 원정대를 통해 도시 여행에 익숙한 이들에게 자연여행의 즐거움을 소개하고 싶었다. 자하는 몽골의 아름다운 자연을 외국인에게 알리고 싶다는 마음으로 이 여행을 시작했다. 그런데 팬데믹으로 인해 강제 휴식 시간이 주어지고 자화와 나는 각자 자리에서 우리의 여행을 돌아보게 되었다. 그리고 얼마 지나지 않아 이 여행의 진짜 의미를 깨닫게 되었다. 우리는 원정대의 여행을 통해 각자의 복잡 다단한 삶과 일상에서 잠시 벗어나 쉼을 공유하고 서로의 마음을 위로하고 있었던 것이다.

다시 하늘 길이 열리고 우리는 다시 여행을 시작했다. 초원은 지금까지 그랬던 것처럼 말없이 그의 넓은 어깨를 내어주었다.

2장 · 당신에게 몽골을 처방합니다

2장 · 당신에게 몽골을 처방합니다

두근두근 몽골 원정대에게

○

원정대의 여행은 무지개를 닮은 것 같다. 분명 존재했던 하늘 위에 흔적도 없이 사라지는 무지개처럼 우리가 함께했던 초원 위의 순간들은 파도가 훔쳐가는 모래 위 흔적처럼 사라진 것을 나도 안다. 하지만 지금 당장 보이지 않아도 무지개의 존재를 아는 것처럼 우리의 추억은 그곳에 남아있다.

몇 년의 여름이 지나고 오래전 멤버들이 하나둘 다시 몽골을 찾기도 한다. 이제 시간이 꽤나 흘러 그들이 그때의 내 나이가 되기도 하고 이미 훌쩍 지나 있기도 한데 다시 같은 여행을 떠날 수 있다는 사실이 즐겁고 재밌다. 분명 같은 초원이고 같은 사람이지만 다시 만난 우리는 다른 여행을 한다. 익숙하고도 낯선, 오랜만에 찾은 고향 같은 여행이다. 나는 앞으로도 이 여행을 지키려고 한다. 언젠가 함께했던 그들이 다시 초원을 만날 수 있도록.

3장

몽골 여행의
소확행

Photo Essay

3장 · 몽골 여행의 소확행

게르

게르 안에 꽃이 피었다.
문 바깥쪽도 초원, 문턱 안도 초원이다.
집 안의 꽃도 화병이 아니라 땅에 뿌리를 내렸다.
몽골 사람들은 문지방을 밟지 않으니
문턱 옆에 핀 꽃은 오래 살겠다.
근사한 집이다.

비

○

초원의 비는 갑자기 내리지 않는다. 멀리 지평선부터 일기 예보를 시작한다. 훅 밀려오는 바람은 기상캐스터다. 곧 비가 내리니 준비하라고 미리 알려준다. 그리고 나서야 후두둑 빗방울이 떨어진다. 초원의 빗방울은 잠들어 있는 피부의 촉각을 깨울 만큼 차갑고 선명하다. 후두둑 후두둑. 빗방울이 떨어지는 소리와 반 발 차이로 냄새가, 후각이 깨어난다. 빗방울이 땅에 닿으면 흙과 초원의 향이 진하게 자신의 존재를 알린다.

여름은 몽골의 우기라 비가 많이 온다. 여행 내내 날이 흐리기도 하고 햇살이 내리는 날에 여우비가 내리기도 한다. 우리나라에서는 호랑이 장가가는 날이라 표현하는데, 몽골의 여름에는 장가가는 호랑이가 꽤 많다. 지평선까지 시야가 탁 트여 있어 구름이 하늘을 온전히 덮지 못할 때가 많기 때문이다. 어떤 때는 반나절 내내 같은 방향으로 가는 비구름과 나란히 동행하기도 한다. 구름 아래서 비를 맞으며 건너편

하늘에서 커튼처럼 드리워진 햇빛을 보기도 한다. 또 햇살을 받으며 한 뼘 바깥의 구름 아래로 폭포처럼 빗물이 쏟아지는 것을 구경할 때도 있었다.

몽골의 비는 만만치 않다. 한여름 비는 초원을 갈라지게 하고 순식간에 강을 만든다. 게르, 가축, 차가 떠내려갔다는 뉴스를 들을 때도 있다. 일 년 내내 건조한 몽골이지만 집중적으로 비가 내리는 계절이 여행 성수기인 탓에 파란 하늘을 한 번도 제대로 보지 못한 채 돌아갈 수도 있다. 모처럼 여행을 왔는데 몽골의 푸른 하늘과 초록 초원이 어우러진 아름다움조차 보지 못한다면 억울할 수도 있겠다. 구름이 많은 날은 밤에 별도 보이지 않는다. 하지만 어쩌겠는가. 날짜, 목적지, 동행은 우리가 정할 수 있지만 날씨는 운명이다. 미국의 저술가 비비안 그린Vivian Greene(1948~) 이 말했다. '삶은 폭풍우가 지나가길 기다리는 것이 아니라 빗속에서 춤추는 법을 배우는 것Life isn't about waiting for the storm to pass. It's about learning to dance in the rain'이라고. 여행도 마찬가지다. 피할 수 없으면 즐겨야 한다. 비가 온다면 좋은 날씨를 기다리며 불평하기보다 마음을 바꾸는 게 현명하다. 그래서 지금부터는 흐리고 비 오는 날씨의 좋은 점을 소개하겠다.

우선 몽골의 비는 냉장고에서 방금 꺼낸 물처럼 차갑다. 막 내리기 시작한 비를 한 방울 맞았을 때 차갑고 시린 그 촉감이 좋다. 비가 오면 비를 피하는 것이 일반적이지만 자연에서 비를 만났다면 오히려 트레킹을 해보는 것도 좋은 경험이다. 몽골의 여름은 덥다. 예전에는 건조한 기후라 뜨거운 한낮에도 그늘로 가면 서늘함이 느껴졌는데 최근에는 기후 온난화 때문인지 꼭 그렇지도 않다. 눈으로 보는 자연의 색은 예쁘기만 한데 그늘을 벗어나 뜨거운 태양 아래서 걸어갈 엄두가 나지 않는다. 그래서 초원 가운데로 마이크로트립을 떠나자 말해도 선뜻 따라나서는 이가 없을 정도다. 대부분 게르 안이나 뜨거운 태양을 피해 그림자가 있는 캠프 주변에서 시간을 보내려고 한다. 하지만 구름이 많은 날에는 기온이 쾌적하다 못해 쌀쌀함까지 느껴진다. 이런 날씨에는 한낮에 마이크로트립을 즐기기 좋다. 능선 위로 올라도 바람이 땀을 식혀 주니 걷기에 최고다.

맑은 날은 자연의 대부분을 시각에 의존해서 보고 느끼지만 비 오는 날은 더 많은 감각기관이 열린다. 차가운 빗방울이 살갗에 닿아 촉각을 깨우고 초원의 식물과 흙의 향을 풀어내어 후각도 깨운다. 비를 한껏 머금은 초원은 빗물에 반짝이며 색깔이 더 선명해진다. 텐트에 앉아 문을 열어놓고 창밖 풍경을 감상하다 보면 텐트 위로 툭툭 떨어지는 빗소리가 천연 ASMR을 들려준다. 마음을 편안하고 안정감 있게 만져주는 소리다. 또 비가 오는 날은 벌레 없는 여행을 할 수 있어서 좋다. 도시에 살면서 벌레에 익숙한 사람은 드물다. 몽골에도 호수 주변에 가면 날벌레가 많고 초원에도 우리나라의 산이나 숲만큼은 아니지만 날벌레가 있다. 그러나 비가 살짝 내리거나 흐린 날에는 벌레가 없어 말 타기에도 그만이다. 벌레와 승마가 무슨 상관 있나 싶겠지만 말도 벌레를 좋아하지 않는다. 말들이 서서 고개를 끄덕이고 꼬리를 휘휘 젓는 것은 파리를 쫓기 위해서다. 비가 내리거나 흐린 날에는 말이 고개를 끄덕이지 않는다. 말도 스트레스를 받지 않으니 편안하고 즐거운 승마가 가능하다.

여름에 초원 여행을 하다 보면 갑자기 내리는 폭우로 길이 망가져 불가피하게 일정을 바꾸는 경우가 종종 있다. 한 번 망가진 길은 우리나라처럼 빨리 복구되지 않기 때문에 포기해야 한다. 마주 오는 차를 세워 앞의 도로 사정을 물어보거나 유목민을 만나 조언을 구해야 한다. 유목민은 오가는 여행자들의 실시간 정보를 공유해 주는 초원의 허브 역할도 한다. 비는 가끔 우리를 예상하지 못한 상황으로 끌고 간다. 계획하지 않은 일이 벌어지는 여행을 기꺼이 즐기는 나는 오히려 비가 고맙다.

몽골의 비는 길게 계속 내리기보다 짧고 굵게 내리는 편이다. 하지만 가끔은 긴 시간 비가 내려 넓은 게르 안에 모든 사람을 옹기종기 모이게 한다. 비가 아니었다면 각자 시간을 보냈을 테지만 비를 핑계로 한자리에 모인 사람들은 또 비 덕분에 오손도손 가까워진다. 비 오는 날은 지평선까지 덮은 구름을 볼 수 있다. 몽골에 가면 기대하는 것 중 하나가 지평선인데 구름이 덮은 지평선은 생소하다. 구름과 초원 사이에 존재하는 세상을 상상해 보라. 그런 풍경을 만난다면 사진 한 장 꼭 찍어두길….

마지막으로 초원의 비가 반가운 이유는 비가 갠 풍경에 대한 기대 때문이다. 비가 온 다음 광을 낸 것처럼 눈부시게 반짝이는 초원의 풍경은 깨끗하게 닦아낸 거울처럼 선명하고 개운하다. 풀도 꽃도 촉촉한 생기를 머금은 채로 더욱 투명해진다.

그리고 무엇보다 특별한 것은 무지개를 만날 수 있다는 것! 무지개는 특정 장소에서 만날 수 있는 것도 아니고 찾아갈 수도 없다. 밤하늘의 별처럼 기다릴 수 있는 것도 아니다. 초원에서 무지개를 보는 것은 행운이자 축복이다. 무지개를 볼 수 있는 단 하나의 확률이자 조건은 바로 비다. 그러니 모처럼 몽골에 왔는데 비가 내린다고 슬퍼하거나 우울해 하지 말자. 오히려 초원에서 비를 못 만난다면 슬퍼할 일이다.

어워

○

몽골에는 여행자가 소원을 빌게 만드는 존재가 둘 있다. 하나는 밤하늘의 별똥별이고, 하나는 초원의 어워다. 어워는 지평의 초원에 길을 알려주는 이정표이자 방향의 표식이며 마을이 가까이 있다는 증거이기도 하다. 아무것도 없는 평원에서는 돌탑처럼 쌓은 어워마저 랜드마크가 된다. 몽골의 어워에는 대부분 푸른 천을 달고 돈, 술병, 목발, 말의 머리뼈 등을 바친다. 여행을 하다가 어워를 만나면 무탈한 여행을 빌어보자. 돌을 세 개 들고 어워로 다가가 왼쪽 방향으로 세 바퀴 돈다. 한 바퀴 돌 때마다 돌 하나를 어워를 향해 던지면서 소원을 빌면 된다.

여행을 하다 어워를 보면 되도록 어워로 향하는 것이 좋다. 어워가 있는 곳은 대체로 풍경이 좋기 때문이다. 어기호수 초입 언덕 위의 어워도, 흐흐 호숫가 옆 어워도, 타왕복드 여행자 베이스캠프 옆 언덕 위의 어워도 아름다웠다. 그곳에서 바라본 일몰 풍경은 잊을 수 없을 만큼 눈부셨다.

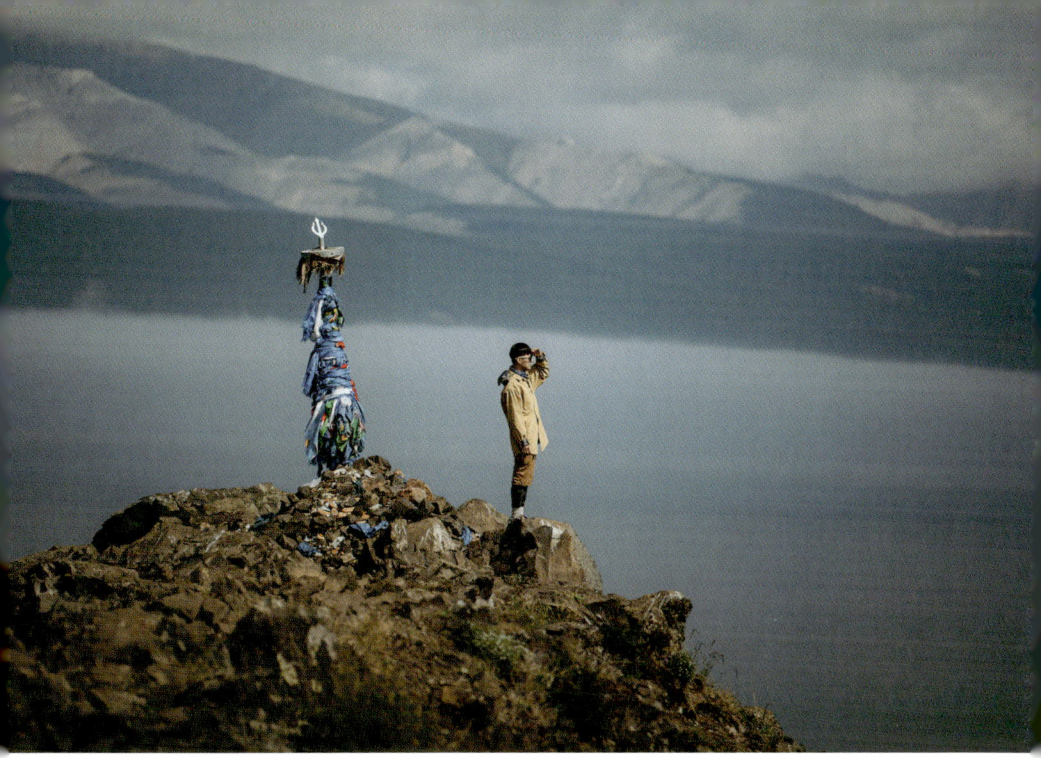
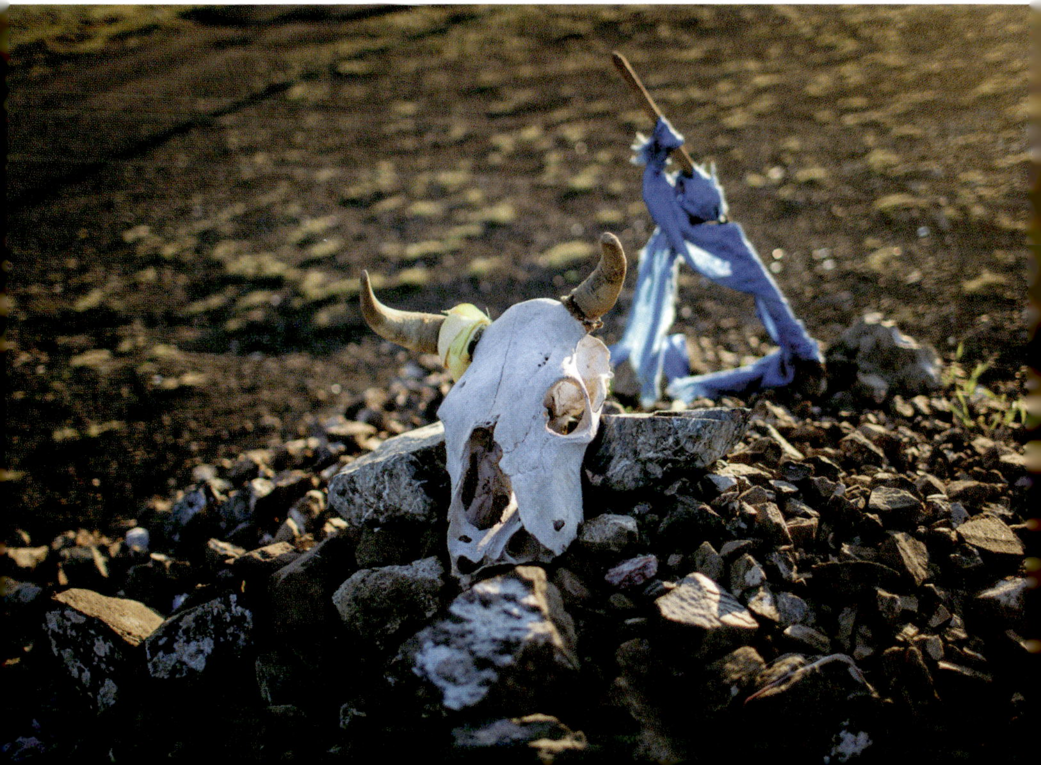

자 연 화 장 실

○

내 인생 최고의 화장실은 브루나이 7성급 호텔의 화장실도 아니고 파리 루이비통 파운데이션의 화장실도 아니다. 바로 해발 3,000m 초원의 풍경을 바라볼 수 있는 문 없는 화장실이다. 화장실 때문에 몽골에 가기를 망설이는 사람이 있는데, 요즘 같은 도시 생활자들에게 몽골의 화장실 체험은 무덤까지 가져갈 인생 추억이 될 거다.

몽골 초원에 밤이 찾아오면 모닥불 앞으로 사람들이 동그랗게 모여 앉는다. 고개를 들어 밤하늘의 별을 보기도 하고 이런저런 이야기를 나누다 보면 금세 깊은 밤이 찾아든다. 바로 이때, 조용히 무리를 벗어나 자연 화장실의 첫 경험을 위한 혼자만의 마이크로트립을 떠나보자. 방법은 간단하다. 컴컴한 밤 모닥불을 등지고 걷는다. 서늘한 공기를 가르며 걷다 보면 일행의 소리는 곧 사라지고 내 발자국 소리만 남는다. 짙은 어둠 속에서 헤드랜턴에 의지해 코앞의 땅만 확인하며 걷다 뒤를 돌아보면 어느새 동행은 새끼손톱만 한 크기로 작아져 있다.

작은 일을 치를 예정이라면 괜찮지만 큰일(?)을 치뤄야 하는 상황이라면 아직 안심하긴 이르다. 급하더라도 조금 더 걷기로 한다.

뒤돌아 바라본 밤의 장막은 무섭고 어린 시절 이후 희미해진 귀신에 대한 상상력은 등줄기에 오싹함을 자극할 것이다. 컴컴한 공간에서 불쑥 야생늑대라도 나타날 것 같은 기시감이 들지도 모른다. 한번 두려움에 사로잡히면 여간해서 떨쳐내기 어렵다. 마음을 단단히 먹어야 거사를 치를 수 있다. 이제 그만 가도 될까 싶어 뒤돌아보면 이제 일행의 흔적은 신기루처럼 희미해졌을 것이다. 떨어지는 거리만큼 안심이지만 또 그만큼 두려움이 클 테니 그쯤에서 적당한 자리를 찾아 구멍을 파자.

두려움을 떨쳐내면 어느새 새로운 세계에 들어선다. 두려움은 떨림으로, 떨림은 두근거림으로 바뀐다. 적당히 땅을 판 자리에 쭈그리고 앉으면 저 멀리 초원이 눈높이로 펼쳐질 것이다. 그 순간 아마 자신도 모르게 생존 스위치가 켜진다. 이제부터는 도망갈 수도 없다. 두려움과 창피함이 블렌딩된 묘한 감정이 요동치고 뇌와 감각기관은 최고의 효율을 제공한다. 당신의 눈과 귀는 더욱 예민해진다. 귀가 밝아져 먼 바람 소리까지 선명히 들리고 어둠 속에서도 초원의 디테일이 서서히 모습을 드러낼 것이다.

바람이 풀을 흔들며 다가와 아랫도리를 드러낸 내 몸을 지나치는 순간! 그 순간은 마치 어려움을 함께 이겨낸 친구와 감동의 하이파이브를 나누는 순간처럼, 사랑하는 이와 첫 키스를 하는 순간처럼, 멋진 너울을 만나 서핑보드 위에 올라서는 순간처럼, 낚싯대로 손맛이 전달되는 순간처럼 짜릿하다. 어느새 두려움과 창피함은 온데간데없고 머리 위 열려 있는 거대한 우주 안에 나라는 존재에 대해 생각하게 된다. 내 몸 속 DNA에 새겨진 수만 년 전 조상들의 기억과 연결된 것처럼 초원의 한가운데 앉아 지구와 접속한다.

시간에는 밀도가 있다. 눈 녹듯 흔적 없이 사라지는 지난한 시간들이 있는가 하면 어떤 시간은 찰나의 순간이지만 영원에 닿을 것처럼 선명하게 반짝인다. 초원의 밤 인적 없는 곳에서 자연과 만난(?) 그 수많은 순간들은 모래알처럼 선명하게 기억된다(이런 기억 하나 가지고 있으면 두고두고 자신 있게 꺼내서 이야기해 볼 수 있다).

볼일을 마치고 돌아가는 길에는 이상하게 두려움도 사라지고 없다. 아까와 같은 길이고 방향만 다를 뿐인데! 멀리 보이는 불빛에 안도의 한숨이 나올 것이다. 정면에 내가 돌아가야 할 모닥불이 보인다면 해피엔딩이다. 마치 영화 〈가디언즈 오브 갤럭시〉에 등장하는 우주 정거장처럼 밝은 빛이 나를 안내한다. 미끄러지듯 성큼성큼 걸어서 그곳으로 향한다. 외롭고 무섭고 컴컴한 초원에 내가 돌아갈 곳, 나를 기다리는 자리가 있다는 것이 새삼 감동으로 다가온다. 초원에서 자연 화장실에 도전해 보지 못한 사람은 느껴볼 수 없는 감동이다.

소리

○

차를 정비하는 동안 차를 등지고 한 방향으로 십 분을 걸었다. 뒤를 돌아보니 차도 잘 보이지 않았다. 끝없이 이어진 고비의 지평선 한가운데 살아 움직이는 것은 나뿐이었다. 걸어오는 내내 이상하다는 생각이 들었는데 걸음을 멈추고 나서야 이유를 알게 되었다. 소리가 없었다. 발걸음 소리를 멈추고 숨소리마저 거두니 마치 방음장치가 된 레코딩 부스에 들어가 문을 닫은 것 같았다. 구름에 덮인 하늘도 움직이지 않고 바람도 숨죽였다. 내 몸의 일부가 된 도시의 고주파음, 마음에 편안함을 준다는 화이트 노이즈, 차 지나가는 소리, 새소리, 물소리 아무것도 들리지 않는 어색한 순간이다.

도시에는 다양한 소음이 존재한다. 그런데 도시에서 발생하는 소음 대부분이 현대 사회 스트레스를 유발하는 요인의 하나라는 연구 결과가 있다. 소음이 심한 환경에 사는 사람은 알츠하이머에 걸릴 확률이 높다고 한다. 소음은 우리를 병들게 하고 반대로 고요는 우리를 회복시킨다. 고요는 음악보다 귀하다. 도시를 살아가는 우리에게 정적은 소중한 요소다. 고요는 명상과 같은 작용을 한다. 캠핑을 가면 으레 아웃도어용 블루투스 스피커가 필요하다고 생각한 적도 있다. 하지만 요즘 난 몽골에 스피커를 가져가지 않는다. 고요 자체를 깊이 느끼고 싶기 때문이다.

물론 음악이 필요할 때도 가끔 있다. 오손도손 모여 밤하늘의 별을 볼 때나 함께 일몰을 감상할 때 좋은 음악을 곁들이면 좋다. 다만 중요한 것은 너무 오래 듣지 말라는 것. 단 한 곡이면 충분하다. 주인공은 음악이 아니라 음악 뒤에 남은 정적이다.

푸르공

○

'형태는 기능을 따른다'는 바우하우스의 디자인 이념을 물려받은 듯한 미니멀한 외관을 가진 이 '탈 것'은 아날로그 감성을 뽐내고 있다. 푸르공은 불편한 승차감으로 악명 높지만 비포장이 많은 몽골 초원 여행에 적합하고 공간도 넉넉해 특히 장거리 여행에 좋은 이동수단이다. 실제로 몽골 초원 여행의 상징 같은 존재다. 몽골 여행은 푸르공으로 시작해서 푸르공으로 끝난다. 먼 곳을 여행할수록 엉덩이는 푸르공과 하나가 되어야 한다. 조금 불편한 것도 사실이나 흔들리는 비포장로에서 편함을 찾자면 얼마나 편할 수 있을까? 불편함을 즐길 수 없다면 몽골 여행은 포기하자.

푸르공은 오래된 러시아산 군용 승합차다. 요즘도 신제품이 출시된다고 하나 초원을 누비는 푸르공은 최소 30년은 넘은 모델이 대부분이다. 오래되었으니 차가 멀쩡할 리 없다. 우선 에어컨이 없다. 심지어 앞자리에서는 뜨거운 바람이 나온다. 기름 냄새, 역방향 좌석, 창문이 고장난 차도 흔하다. 그리고 최악의 승차감은 여행자들에게 악명이 높다. 하지만 나는 몽골 여행의 반 이상을 푸르공과 함께했다. 승차감이 편안한 차들도 있는데 굳이 푸르공을 선택한 이유는 편안한 여행을 놔두고 매년 몽골을 선택하는 것과 닮은 이치다. 특히 멀고 도로가 험들고 날씨가 험할수록 믿음이 가는 차는 푸르공뿐이다. 언제 어디서 어떻게 고장이 나도 어떻게든 고쳐내는 드라이버들이 있으니 다 괜찮다. 초원에서 푸르공은 가지 못하는 길이 거의 없다.

허르거에서 백패킹을 한답시고 삼십 분 남짓 차로 오를 수 없는 야트막한 산을 두 손까지 이용해 올랐는데 정상에 푸르공이 있어서 깜짝 놀랐던 기억이 있다. 대체 저 차는 이 험한 곳을 어떻게 올라왔는가? 언덕 정상에 올라서야 비밀이 풀렸다. 산의 절반은 거친 돌산이었지만 나머지 반은 부드러운 곡선으로 초원과 연결되어 있었던 것이다.

이제 다른 오프로드 차량으로 초원 여행을 하다가 푸르공을 만나면 마치 잊지 못한 옛 애인을 만난 것처럼 반갑고 애틋하다. 그래서 매번 푸르공을 다시 찾게 되는 것 같다.

푸르공은 모두 비슷한 것 같지만 다 다르다. 사람마다 성격이 다르고 초원 위의 모든 여행이 다르듯 내부 인테리어도 천차만별이고 색상도 가지각색이다. 군용이라 대체로 채도가 낮은 회색 빛깔이 대부분이지만 가끔 푸른 계통 혹은 국방색이라 말하는 진한 올리브 컬러도 눈에 띈다. 커튼이나 장식이 화려한 푸르공이 있고 스티커가 덕지덕지 붙은 푸르공도 있다. 위에 짐받이가 있는 것도 있고 뒷문의 모양이나 여닫는 방법도 저마다 다르다. 푸르공이 천차만별인 이유는 연식이 다르기 때문이겠지만 가장 큰 이유는 드라이버 때문이다. 드라이버의 정성과 개성이 푸르공에 녹아있다. 그들의 모습을 가만히 지켜보면 푸르공을 얼마나 아끼는지 알 수 있다. 드라이버들은 하루도 빠짐없이 차가 멈추면 푸르공의 흙 묻은 바닥을 닦고 정리한다. 그들에게 푸르공은 직장이고, 초원에서 해가 지면 집이 되며, 가족의 생계를 유지하는 삶의 터전이다. 시간이 흐를수록 푸르공은 낡아가지만 드라이버가 쏟는 애정만큼 푸르공의 가치는 더해진다. 세상에는 낡을수록 가치를 더하는 물건이 있는데, 이 러시아산 승합차도 그런 셈이다.

구름이 만져질 듯 가까운 몽골의 초원, 푸르공 여행자들은 한 번쯤 차 지붕 위로 올라가 보려고 한다. 구름에 더 가까이 다가가기 위해 혹은 지평선으로 넘어가는 노을을 조금 더 오래 보고 싶어서, 떠오르는 아침 태양을 먼저 만나기 위해서.

군용으로 만들어진 차라 우리나라로는 정식 수입할 수 없다고 하는데 아쉽다. 갖고 싶다. 하지만 푸르공이 수입된다고 해도 초원이 없다면 무슨 소용인가. 푸르공은 몽골의 초원을 달려야 진짜 푸르공이지!

마두금

○

몽골에는 두 개의 현으로 연주하는 악기가 있는데, 그 이름이 바로 마두금이다. 몽골어로는 '머링호르Morin Khuur'라고 한다. 직역하면 말 악기라는 뜻. 머링호르는 음색이 구슬프다. 마두금의 음색은 울란바토르 시내에 있는 공연장보다 초원에서 들어야 제맛이 난다. 우리나라와 마찬가지로 몽골도 젊은 세대들은 전통음악보다 락, 힙합, 레게, K팝에 더 관심을 갖고 있지만 마그놀리안Magnolian, 더 후The HU Band 같은 몽골의 가수들은 자신의 노래에 머링호르를 접목해 연주하기도 한다. 들어보면 꽤나 잘 어울린다.

몽골의 락그룹 더 후는 유럽에서 더 유명한 그룹이다. 궁금한 분들은 조회수 1억 회가 넘는 그들의 대표곡 〈Yuve Tuve Yu〉를 들어보시라. 마두금과 락이 어우러진 몽골의 서쪽 풍경도 감상할 수 있다. 그리고 몽골의 싱어송라이터 마그놀리안의 〈The Bride & Bachelor〉도 추천한다. 음악 후반부에 마두금 연주가 나오는데 몽골의 초원과 잘 어울린다. 뮤직 비디오로 보면 맛을 느낄 수 있다.

4장

몽골 여행 준비

Photo Essay

4장 · 몽골 여행 준비

초원의 색

대지를 덮은 두터운 눈이 녹고
봄바람이 불면
땅 위로 고개 내민 풀이 자란다.
여름비를 맞고 쑥쑥 자란 풀은
양, 말, 소, 염소, 낙타를 키우는 어머니다.
푸른 초원 위에 스치듯 가을이 지나가면
지평선은 노랗게 물든다.
곧 긴 겨울 내내 내린 눈은 녹지 않아
하얀 지평선은 단단해진다.
여름에 잠시 나그네로 머물다 가는 우리는
몽골의 초원이 초록이라고만 생각한다.
그러나 긴 시간
초원은 노랗고 희다.

4장 · 몽골 여행 준비

몽골 여행은
J보다는 P스럽게

○

여행은 항공권을 끊는 순간부터 본격적으로 시작된다. 그날그날의 숙소를 이어가며 동선과 루트를 짜고, 그 위에 꼭 하고 싶은 욕망의 정보 뭉치를 하나씩 덧대다 보면 전체 스케줄이 완성된다. 예약 시간, 교통편, 걸음의 속도까지 촘촘하게 설계하고 다양한 할인 정보를 활용해 경비까지 아끼는 MBTI 중 J형 인간에게 복잡한 여행 준비 과정은 유희에 가깝다.

그러나 안타깝게도 몽골은 J형 인간이 준비할 게 없다. 나무 한 그루 없는 아득한 초원, 거친 땅과 사막에서는 날것의 여행이 있을 뿐이다. 예약도 입장권도 필요 없는 몽골이야말로 P형 인간을 위한 여행지다. 선택과 기회비용을 저울질해야 하는 도시여행과는 다르다. 자연여행에서는 날씨가 가장 중요하다. 하지만 이는 계획할 수 있는 게 아니다. 선택할 수 있는 대상도 아니다. 그러므로 디테일한 욕망의 지도를 가진 사람에게는 함부로 몽골 여행을 추천하지 않는다. 별도, 초원도, 사막도, 유목민과의 만남도 예약이 불가능하다. 지평선까지 눈을 씻고 찾아봐도 나무 한 그루 없는 초원에서 이루어지는 모든 만남은 그저 우연이다.

하지만 특별한 무엇을 기대하지 않고 떠나는 P의 여정에 초원은 언제나 고마운 만남의 주선자이기도 하다. 소나기가 멈추면 지평선 위로 선명하게 아치를 그리는 무지개도, 해 질 녘 서늘해지는 기온과 다르게 벌겋게 달아오르는 하늘빛의 장엄함도, 가축이나 유목민과의 우연한 만남도 초원이 주는 깜짝 선물이다. 내가 몽골의 지평선, 초원과 사막이 아름답다고 느낀 이유는 그것을 계획하고 떠나서가 아니라 바라는 것 없이 떠났기 때문이다.

왜 몽골 여행은
준비할 것이 많을까?

○

출국날이 한 달 앞으로 다가오면 방 한쪽 구석에 140리터 가방을 활짝 열어 놓는다. 여행의 과정 중 아마도 이때가 최고로 설레는 순간이 아닐까 싶다. 여행을 상상하며 준비물을 하나씩 챙기다 보면 금세 덮개를 닫을 수 없을 정도로 수북한 짐이 쌓이고 만다.

하시만 몽골항공의 수화물 규정은 24kg 이하의 가방 하나다. 욕심대로 다 가져갈 수는 없다. 방 안에 물건을 펼쳐 놓고 하나씩 손으로 무게를 재며 과연 꼭 필요한 물건인지 생각하고 또 생각한다. 그러나 아무리 생각해 봐도 없으면 안 될 것들뿐이다. 지평선이 보이는 초원 한 가운데 의자를 펴 놓고 커피 한 잔 마시는 상상을 해본다. 의자와 작은 테이블은 필수 아닌가? 커피를 마시려면 컵이 있어야 하고, 이왕이면 드립을 하는 게 좋지 않을까? 그러자면 핸드 그라인더와 휴대용 드리퍼가 필요하다. 또 물을 끓여야 하니 버너도 챙겨야 한다. 음악도 있으면 좋겠다 싶어 휴대용 블루투스 스피커도 준비한다. 느긋하게 펼쳐 놓고 읽을 책도 한 권 있으면 괜찮겠다. 햇살이 따가울 테니 머리와 얼굴, 목까지 충분히 가릴 넉넉한 챙모자와 긴팔옷은 필수다. 풀이 무성한 지역에서 트레킹을 하려면 긴 바지도 챙겨야 한다. 여행자 캠프에는 샤워 시설이 있지만 캠핑을 하게 될 경우 씻지 못할 수 있으니 여분의 속옷은 넉넉히 준비해야 한다. 물론 다녀와서 보면 절반은 그대로 가져오는 경우가 대부분이지만 양심상 어쩔 수 없다. 비를 깜빡할 뻔했다. 우비도 챙기자. 여행 날짜가 다가올수록 가방 앞에 앉아 물건을 넣었다 뺐다 반복하며 잠 못 드는 밤이 늘어난다.

결국 여행이 코앞으로 다가오도록 짐은 줄이지 못한 채 그대로다. 그렇게 고민 끝에 가방을 쌌건만, 여행에서 돌아와 보면 한 번도 꺼내지 않은 물건이 꽤 많다. 그렇다고 바리바리 싸 들고 간 도구를 사용하지 못한 것이 안타깝거나 억울하지는 않다. 준비한 것을 까맣게 잊을 만큼 즐거웠거나 떠나기 전에 상상한 것과 전혀 다른 경험을 했기 때문일 테니, 과연 참 여행의 재미란 그런 것 아닐까?

어떤 옷을 준비해야 할까?

○

몽골에서 가장 여행하기 좋은 계절인 7~8월을 기준으로 생각해 보면 몽골은 한여름에도 사계절 옷이 모두 필요하다. 몽골은 해발고도가 높고(평균 1,580m) 대륙성 기후라 일교차가 심하기 때문이다. 한낮에 아무리 더웠어도 해가 지면 기온이 뚝 떨어지기 일쑤다. 낮에는 여름 옷, 아침과 저녁에는 봄가을 옷, 밤에는 겨울 옷까지 다 필요하다.

여행 가서 뭐 입지? 멋쟁이가 아니라도 여행지에서 어떤 옷을 입을지는 항상 고민거리다. 그러나 패션테러리스트라도 몽골에서는 걱정할 필요 없다. 초원은 단조로운 색상과 형태를 가지고 있어서 무슨 옷을 입든 사람을 돋보이게 해준다. 그야말로 나를 주인공으로 만들어주는 배경이다. 어디서든 인생 사진을 건질 수 있는 곳! 아웃도어 복장은 말할 것도 없고 트레이닝복이나 정장도 그럴싸하게 어울린다.

몽골의 전통 옷인 '델'을 구해 입어보는 것도 좋다. 울란바토르에서 시간이 있다면 어렵지 않게 구입할 수 있고, 운이 좋으면 여행 중 마을에서 가게를 발견할 수도 있다. 나는 주로 아웃도어 복장으로 여행하지만, 최근에는 델을 입기도 했다.

나에게는 델이 세 벌 있다. 몽골 친구 자화, 빌게, 바츠라가 자신이 입던 델을 선물해 준 것. 그런데 언젠가 급히 떠난 여행에서 자화가 마땅히 입을 겉옷을 가져오지 않아서 여행 중에 만난 유목민이 입고 있던 델을 구입하게 되었고, 나는 그 거래를 곁에서 지켜보게 되었다.

자화는 유목민 청년에게 그가 입은 델에 대한 이야기를 꽤 긴 시간 동안 들었다. 그러더니 시내에서 판매하는 가격보다 웃돈을 주고 구입하는 것이었다. 의아해서 물어보니 몽골인들은 자신의 델을 팔지 않는다고 한다. 옷에는 그 사람의 운이 묻어 있기 때문에 입던 옷을 사면 그 사람의 운도 따라온다고 믿는다고.

친구들에게 델을 선물받았을 때는 그저 시장이나 숍에서 판매하는 제품보다 예뻐서 좋았다. 그런데 의미를 알고 나니 더 감사하게 느껴졌다. 이야기에는 역시 마법이 있다. 델을 입고 하는 여행은 그래서 특별하다.

몽골의 계절 이야기

○

몽골의 사계절을 우리나라 기준으로 봄, 여름, 가을, 겨울로 생각하면 큰 착각이다. 예를 들어 몽골인은 차강사르(설)가 지나고 할미꽃이 피는 2월이면 봄이 시작된다고 하는데, 2월의 울란바토르는 영하 30도를 넘나든다. 그렇다면 몽골의 계절을 한국인의 기준으로 어떻게 표현할 수 있을까? 우선 나담축제가 있는 7월을 중심으로 6월 말~8월이 몽골의 여름이다. 8월 말이면 이미 우리나라의 가을 날씨가 시작된다. 9월에는 첫눈이 내리고, 10월이 되면 영하의 날씨가 이어진다. 10월 초 고비 여행에서 폭설이 내려 오도 가도 못할 뻔했던 경험이 있을 정도다. 10월 초까지를 늦가을에 포함한다면 11월부터 3월까지 겨울이라고 보는 게 맞다. 하지만 4월도 영하의 날씨니 우리가 생각하는 따듯한 봄은 실제로는 5~6월 초다.

봄가을에는 바람이 많이 분다. 특히 봄바람은 '조드'라고 해서 겨울의 추위보다 무섭다고들 하니 봄 여행은 피하는 것이 좋다. 관광객이 많이 찾는 계절인 여름은 6월 중순~8월 중순까지다. 하지만 만약 나에게 몽골 여행은 어느 시기가 가장 좋으냐고 묻는다면, 8월 중순~9월 까지라고 하겠다. 밤은 춥지만 낮에는 선선하고, 9월 이후로는 벌레도 거의 없다. 특히 9월 초 몽골 여행은 캠핑하기에 더 없이 좋은 날씨다. 아웃도어를 즐기기에 딱 알맞은 날씨다.

10월의 몽골은 우리나라의 12월과 흡사하다. 11월부터는 한낮에도 영하로 뚝 떨어진다. 눈이 내린 초원은 이듬해까지 내린 눈이 녹지 않는다. 최근 몽골 여행자가 많아졌지만 하얀 지평선을 본 사람은 많지 않을 것이다. 울란바토르는 세계에서 가장 추운 도시 중 하나다. 겨울에는 매연으로 공기 질이 좋지 않지만, 가까운 초원으로 떠나는 여행은 추천할 만하다. 도전을 즐기는 사람이라면 영하 50도 겨울의 홉스골 여행도 꼭 경험해 보기를 추천한다.

4장 · 몽골 여행 준비

몽골어 배우기?

○

몽골에는 두 개의 문자가 있다. 하나는 칭기즈칸이 도입한 위구르 문자로 세로쓰기의 고어이다. 하지만 지금 사용하는 문자는 과거 사회주의 시기에 정착된 러시아의 키릴문자다. 우리에게는 낯설고 어렵다. 몽골 여행을 시작한 지 12년쯤 되면 몽골 사람들과 대화 정도는 할 줄 알게 되느냐고 묻는 이들이 있다. 안타깝게도 내가 몽골에서 여행하는 곳은 몽골의 도시가 아니라 자연이다. 자연과의 대화에는 언어가 필요 없다. 보고, 듣고, 맡고, 닿는 감각이 필요할 뿐이다. 하지만 가끔 간단한 몽골어를 배워야겠다고 마음 먹을 때가 있다. 바로 유목민 아이를 만났을 때다. 그때마다 친구 자화가 가르쳐 준 몇 문장으로 겨우 그들과 대화를 나눈다. 귀동냥으로 배운 문장은 금방 바닥이 나지만 신기하게도 소통에는 막힘이 없다. 눈빛과 표정만으로도 통한다. 더 많이 웃고 더 즐겁다. 초원에서 잠시 스치는 인연들에게 언어보다 중요한 것은 눈빛과 미소다.

어느 날 예기치 않은 사고 덕분에 나는 몽골어 숫자를 익히게 되었다. 밤을 꼬박 새고 엘승타슬하이에서 울란바토르까지 네 시간을 이동하게 되었던 날. 드라이버인 몽골 친구도 나도 뜬눈으로 밤을 샌 터라 둘 다 잠깐이라도 대화를 하지 않으면 순식간에 꾸벅 졸았다. 드라이버는 자신의 뺨을 때리며 잠을 쫓았고, 나 역시 조수석에서 어떻게든 졸지 않으려고 버텼다. 하지만 알고 있는 몽골어 문장은 이미 다 써 버렸고, 나눌 대화가 하나도 남아 있지 않았다. 세 시간은 족히 더 운전해서 가야 하는데 난감했다.

바로 그때 떠오른 묘수! 나는 그에게 몽골어 숫자를 1부터 100까지 가르쳐 줄 수 있겠냐고 제안했다. 그리고 세 시간이 지난 후 울란바토르에 도착했을 때 나는 몽골어로 1부터 99까지의 숫자를 아는 사람이 되었다. 서로 각자 나라의 언어를 더 많이 익힌 사람에게 선물을 주자고 약속한 친구 바츠라는 나의 몽골어 실력에 무릎을 꿇고 자신이 아끼던 델을 선물로 주었다. 바츠라의 할머니가 손수 만들어 주신 델이었다.

좋은 여행을 위한 준비

○

겨울부터 이듬해 여름까지 여행 계획을 수없이 살펴보고 만일의 상황을 대비한다. 자연여행이 우리가 마음먹은 대로 될 수 없다는 것을 누구보다 잘 알고 있기에 많은 경우의 수를 상상한다. 이렇게 준비를 하고 떠나도 여행을 앞두고 기록적인 폭우가 내리거나 폭설로 도로가 폐쇄되는 일이 허다했다. 비행기 연착으로 일행이 오지 못해 제 시간에 출발하지 못한 적도 있었다. 차가 고장 나서 발이 묶일 때도 있었고 고장 난 차로 아슬아슬 여행을 마친 적도 있었다. 사막에서 돌아온 날 캠프에 물이 떨어져 목욕을 못하기도 했고 얼음장처럼 차가운 물에 샤워를 할 때도 있었다. 캠프에 닿기 전에 해가 저물어 초원에서 하룻밤을 더 머물기도 하고 초원 캠핑을 기대했는데 쏟아지는 폭우 때문에 여행자 캠프로 피신해야 했던 적도 있었다. 교통사고가 나거나 산책을 나선 사람이 돌아오지 않아 하루 반나절을 찾아 헤맨 적도 있었다.

자연여행을 하다 보면 무슨 일이든 일어날 수 있다. 아무리 철저히 준비해도 막을 수 없는 일이 벌어진다면 사람을 탓하고 상황을 탓할 게 아니라 마음을 바꾸는 게 옳다. 결국 가장 중요한 준비는 여행을 대하는 태도다. 이것만 잘 다스릴 수 있다면 말이나 낙타가 없어 타지 못해도, 예정에 없던 헛걸음이 생겨도, 걷다가 폭우를 만나도, 텐트가 바람에 날아가도, 도로가 망가져서 일정에 차질이 생겨도 괜찮다. 스스로의 힘으로 좋은 여행을 만들어낼 수 있다. 사소한 어긋남에서조차 매 순간 기회비용을 따지며 낙담하거나 불평을 늘어놓는다면 스스로 자신의 여행을 나쁘게 만들어가는 것이다. 긍정적인 태도야말로 여행자에게 가장 필요한 준비물이 아닐까.

5장

몽골 여행의
장애물

Photo Essay

5장 · 몽골 여행의 장애물

좋은 여행

원정대 3기 두팔이는 몸이 좋지 않아
고비사막을 오르지 못했다.
하지만 그녀는 보지 못했기 때문에
더 기억에 남는다고 했다.
모두가 본 모래언덕 뒤편을
자신만 보지 못했기 때문에
절대로 잊을 수 없을 거라고.
언젠가 꼭 다시 와야 할 이유를 남겼다고.

보통의 여행은 '발'로 다니지만
진짜 좋은 여행은 마음으로 만든다.

소중한 것은 스케줄에
넣을 수 없다

○

몽골 여행 전 원정대에게 가장 많이 듣는 질문이 있다. 별을 볼 수 있나요? 쇼핑은 할 수 있나요? 캠프에 샤워 시설이 있고, 따뜻한 물이 나오나요? 화장실은 깨끗한가요?

여행을 다녀온 뒤 그들에게 물어본다. 무엇이 좋은 여행을 만들어 주었는지. 푸르공 창밖으로 불쑥 등장한 아름다운 풍경에, 우연히 만난 나담Naadam 축제에, 모닥불 앞에 앉아 도란도란 나눈 이야기에, 작은 능선에 올라 본 해지는 풍경에, 지평선에서 불어온 바람에 가슴 먹먹해하던 순간들. 우리 여행의 빛나는 순간들은 떠나기 전 미처 예상하지 못했던 곳에 있었다. 소중한 것은 스케줄에 넣을 수 없다.

아름다운 것은 쉽게 닿을 수 없다

몽골 여행에서 긴 이동은 필수다. 대부분의 목적지는 차로 이동해야 하는데 길도 좋지가 않다. 잘 닦인 고속도로는 울란바토르를 벗어나면 끝난다. 아무리 좋은 차로 이동해도 도로가 험하다 보니 속도를 내기도 어렵고 덜컹덜컹 승차감도 좋지 않다. 도로를 벗어나 울퉁불퉁한 초원으로 들어서면 차가 흔들려 멀미를 하는 사람도 꽤 있다. 가도 가도 단조로운 풍경이 반복되다 보니 지루하고 따분하다. 울란바토르에서 가장 가까운 테를지는 한 시간이면 닿을 수 있지만, 엘승타슬하이까지는 네다섯 시간이 족히 걸린다. 고비로 향할 경우, 여행 시간의 대부분을 차 안에서 보내게 된다. 먼 서쪽 여행은 말할 것도 없다.

그런데도 우리가 큰 불편함을 감수하면서까지 더 깊은 자연 속으로 떠나는 이유는 오직 그곳에서만 볼 수 있는 풍경 때문이다. 몽골의 아름다운 자연은 SNS 핫플레이스와는 다르다. 예고 없이 불쑥 등장하는 아름다운 풍경으로 이르는 길에는 아스팔트가 깔려 있지 않다.

5장 · 몽골 여행의 장애물

몽골의 술,
마유주와 보드카

○

몽골에는 아주 독특한 술이 있다. 그중 하나가 동물의 젖으로 만든 마유주다. 몽골 여행을 한다고 해서 마유주를 쉽게 마실 수는 없다. 마트에 가면 살 수 있는 게 아니다. 마유주는 유목민들이 전통적인 방식으로 제조하기 때문에 그들을 만나지 못한다면 맛볼 수 없다. 유목민의 게르에 초대받아 가면 처음에는 보통 수테차를 내어주고, 조금 오래 머무르면 마유주를 한 사발 건넨다. 술을 받으면 그릇을 비우는 게 예의라고 하니, 유목민에게 마유주를 대접받았다면 남기지 말고 깨끗이 마실 것(하지만 술이 맞지 않거나 장이 안 좋다면 무모한 모험을 하지는 말자). 마유주는 자연으로부터 왔다. 술을 만드는 한 단계 한 단계마다 많은 시간과 정성이 들어간다. 발효된 시간에 따라 맛과 도수도 다양하다.

유목민에게 보드카는 치트키에 가깝다. 마유주를 만드는 데 드는 시간과 수고를 절대적으로 덜어준다. 하지만 보드카를 사러 가기는 멀고 값도 비싸다. 그래서 유목민들은 보드카 선물을 좋아한다. 몽골 사람들은 자신들이 보드카의 본고장인 러시아보다 더 좋은 보드카를 만든 다고 자평한다. 밀은 보드카의 원료인데 몽골산 밀의 질이 좋기 때문이라고. 보드카는 정직한 술이다. 향도 없고 멋부림도 없다. 취하기 위한 술이고 마시기 위한 술이다. 추운 겨울 여행을 할 때 보드카는 몸을 데워준다. 핫팩이 겉피부를 따뜻하게 한다면 보드카는 몸 안쪽을 데운다. 또 몽골 사람들은 먼 곳을 여행할 때 술이 목적지를 가깝게 해준다고 말한다. 술에 취해 잠들고 나면 하루하루의 여정을 그나마 수월하게 덜어낼 수 있다는 뜻일 게다.

보드카는 긍정적인 역할을 하기도 하지만 여행에서 술은 늘 조심해야 한다. 기분에 취해 마시다 보면 다음 날 속이 안 좋고, 아무것도 손에 잡히지 않는다. 여행의 시간은 정해져 있는데 떠나기 전에 보고 싶다던 별도, 새벽 어스름의 일출도 모두 잊은 채 술과 함께 밤을 지샌다면 아무것도 남지 않는 빈 여행이 되기 십상이다. 절제하지 못하는 음주는 독이다.

초원의 풍경을 하나도 보지 못한 채 요람처럼 흔들리는 차 안에서 술에 취해 잠만 잔다면? 일출도 한 번 못 보고 해가 중천에 뜨고서야 겨우 일어나 숙취에 괴로워하며 하루를 보낸다면? 그럴 거라면 초원이 아니라 부디 술집을 찾으시라. 초원 위에서 가벼운 술 한 잔을 기울이는 것이야 이해하지만 적당히 기분 좋을 만큼만 마실 것. 남에게 피해 주지 않을 만큼만. 여행의 매너다.

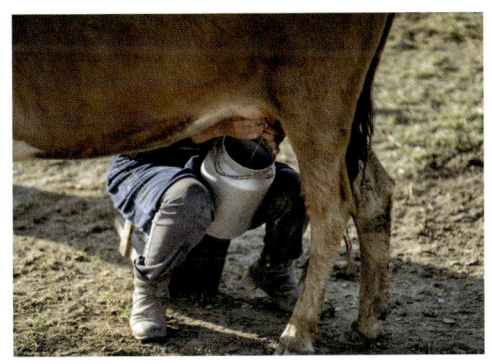

Tip 칭기즈칸의 이름을 딴 '칭기스' 보드카가 외국인 관광객들에게는 유명하다. 현지인들 사이에서는 '이보크'가 인기였고, 최근에는 '에덴'이라는 보드카가 큰 인기를 끌고 있어 얼마 전부터 우리나라 GS25 편의점에서도 판매하기 시작했다. 보드카는 몽골 여행 기념품으로도 인기가 많은데 돌아가는 공항에서 판매하는 가격은 비싸다. 울란바토르 마트에서 구입하는 것이 가장 저렴하니 참고하자.

몽 골 의 음 식

○

몽골에서는 어떤 음식이 유명하냐고, 뭘 먹어 봐야 하냐고 물으면 선뜻 답하지 못한다. 캠핑을 하니 주로 마켓에서 구입한 재료로 직접 조리를 해 먹는 일이 반이다. 시간을 아끼기 위해 고급 식당보다는 간편한 식당에서 자주 먹다 보니, 음식에 관해 이야기할 처지가 못된다. 몽골은 베트남이나 태국처럼 음식으로 유명한 나라는 아니다. 일본이나 유럽에 가면 눈으로만 즐겨도 호사스럽고 진귀한 음식이 많지만 몽골 음식은 데커레이션도 별로 없다. 소스나 조미료도 거의 사용하지 않으니 미식 여행을 즐기는 사람에게는 불모지일 수도 있겠다.

그러나 그동안 수많은 나라에서 다양한 먹거리를 경험했지만 지금까지 가장 기억에 남는 것은 조미료로 혀를 자극하고, 향으로 코를 채우고, 데커레이션으로 눈을 즐겁게 한 음식이 아니었다. 고비사막을 한 시간 기어 올라가 마신 시원한 맥주의 맛을 그 어떤 브루어리에서 제조할 수 있을까? 엉기강 앞에서 친구들과 나눠 먹은 수박, 나이망호수

트레킹 중에 한 입 와그작 깨어 문 사과의 달콤함을 어떤 레스토랑에서 만들어낼 수 있을까? 차강소브라가의 주름진 계곡 사이에서 맛본 초이왕(볶음라면), 울기 초원에서 맛본 스파게티 컵라면 맛을 과연 어떤 셰프가 흉내낼 수 있을까? 홉스골 영하 50도의 추위에서 한 잔씩 아껴가며 천천히 목으로 넘긴 50도짜리 보드카도, 오브스의 황량한 지평선 가운데서 헤매다 찾아간 유목민 게르. 그곳에서 얻어 먹은 이름도 모르는 고깃국의 뜨끈하고 구수한 그 맛. 지금까지도 선명하게 혀가 기억하는 그 맛을 어떤 음식과 비교할 수 있을까?

이흐가즈링 촐로
원정대 실종사건

○

10월 1일, 몽골에서 첫눈을 맞았다. 잠깐 내리다 그칠 줄 알았는데 웬걸, 고비로 내려가는 내내 하얀 지평선을 보았다. 고비는 세상이 점·선·면으로 이루어져 있다. 고비의 면은 그라데이션 없는 하늘과 초원이다. 선은 지평선이다. 고비의 지평선은 곧다. 지평선 아래 있는 모든 것은 점이다. 모든 사물은 점으로 시작해서 다가오며 차가 되고, 게르가 되고, 도로 옆 이정표가 된다. 그래서 멀리 점이 나타나면 우리는 약속한 듯 미간을 찌푸린 채 형태를 갖기까지 뚫어지게 쳐다본다.

첫 행선지 이흐가즈링 촐로에 도착한 우리는 텐트를 치고 밥을 먹고 별을 보았다. 바람이 텐트를 사정없이 흔들어대는 영하의 날씨. 얼어붙은 대지는 꿈쩍 않는데 텐트 안의 모든 것이 초원을 달리는 푸르공처럼 흔들렸다. 주변 물건을 정리하고 체온을 유지하기 위해 침낭 안으로 들어갔다. 나는 마취를 한 것처럼 스르르 잠들었다. 행복한 밤이었다.

다음 날 이흐가즈링 촐로에서 맞이한 첫 아침, 여전히 날씨는 쌀쌀했지만 일행들은 전날보다 한층 여유로워 보였다. 아침 풍경에 반한 모습이었다. 늦은 시간까지 잠을 자는 사람, 일찍 일어나 식사를 하거나, 자연 화장실을 찾거나, 산책을 하거나, 돌산에 오르는 등 자유롭게 자기만의 시간을 즐겼다. 나 역시 느긋하게 아침 햇살을 받으며 여유를 누리고 있는데 형선 씨가 다가와 친구 L이 사라졌다고 말했다. 아침 일찍 나가서 아직 돌아오지 않았다는 것이다. 시간을 확인하니 벌써 열 시가 되어가고 있었다.

다행히 일찍 일어나 일출을 감상하던 몇몇 사람이 그가 걸어가는 모습을 보았다고 했다. 그들의 기억을 맞춰보니 대략 새벽 5시 50분 경이었다. 어두운 색의 옷을 입고 남쪽으로 걸어간 게 그의 마지막 행적이었다. 영하의 날씨에 혼자 길을 잃고 네 시간이 지났다면 이미 체력에도 한계가 왔을 테고, 무엇보다 패닉이 올 수도 있는 상황이었다.

L을 찾기 위해 드론 2대가 남쪽으로 향했고, 푸르공 차량 2대가 서로 다른 방향으로 출발했다. 얼마나 시간이 흘렀을까. 촬영을 위해 가져온 드론 배터리를 모두 써 버린 형선 씨는 할 수 없이 주변 산 위로 올라 망원경으로 L을 찾았다. 한참 뒤에 드라이버들로부터 무전을 받은 자화가 다가와 말했다.

"형, 느낌이 좋지 않아. 어제 눈이 내려서 운이 좋게 L의 발자국을 찾았는데 여기저기 방황하던 발자국이 한 지점에서 사라졌어. 그런데 그 근처에서 기사님들이 늑대 발자국을 발견했어."

마음이 급해졌다. 우리는 서둘러 텐트를 정리하고 차량 4대로 흩어져 L을 찾기 시작했다. 사라진 L의 텐트를 정리하던 중 휴대폰과 외투를 발견했다. 그는 영하의 날씨에 아우터도 없이 휴대폰도 두고 사라진 것이다. 그때까지 설마하며 지켜보던 동행들의 표정도 서서히 굳어졌다. 점퍼도 없이 해가 뜨기 전 나가서 아침 식사도, 물조차도 마시지 못한 채 네 시간을 걸었다면…. 위험한 상황이었다.

그는 도대체 왜 사라진 걸까? 일출에 마음을 빼앗겨 아무 생각 없이 해 뜨는 쪽으로 걷다가 돌아오는 길을 잃어버린 걸까? 아무리 상황을 꿰어맞춰 보려 해도 쉽게 납득이 되지 않았다. 오만 가지 불길한 생각이 머릿속을 잠식했다. 4대의 푸르공은 동서남북으로 흩어졌다. 만약 나라면 어떻게 했을까? 높은 곳으로 올라갔을까? 아니면 차들이 지나간 흔적을 따라 걸었을까? 실종 후 다섯 시간이 지나고 있었.
이런 상황이라면 바위에 앉아 있거나 탈진해 길바닥에 누워 있을 수도 있다. 모든 가능성을 열어두었다. 누군가 무언가를 발견하면 무조건 차를 멈추고 일제히 미간을 찡그린 채 그곳을 살폈다.
"산 위에 무언가 움직인다!"
작은 움직임에도 신경이 곤두섰다.
"독수리야."
눈이 좋은 푸제는 다시 차를 움직였다. 한참을 달려 바위산이 끝나는 지점까지 왔다. 저 멀리 점이 보인다. 다가가니 창고 같은 집이다.
"만약 L이 저 집을 발견했다면 저기로 들어가지 않았을까?"

우리는 서둘러 그곳으로 이동했다. 집 앞에 도착했는데 인기척이 느껴지지 않았다. 문은 굳게 잠겨 있고 창문에도 발이 쳐져 있었다. 차량으로 경적을 울려도 창고는 버려진 세트장처럼 조용했다. 적막감이 감도는 집은 더 깊은 좌절감을 불러일으켰다.

"아마 L은 이 집을 보지 못했을 거야. 봤다면 여기서 기다리고 있었겠지."

우리는 수색을 포기하고 다시 자리를 떠났다.

얼마 지나지 않아 게르 하나를 또 발견했다. 양을 지키는 개가 나와 짖어대며 우리를 위협했다. 그 모습이 얼마나 반가웠는지! 게르 뒤에서 한 유목민이 양젖을 짜고 있었다. 푸제는 길 잃은 한국인을 보지 못했냐고 물었다.

"멀리 공사하는 곳에서 길 잃은 한국인이 있다는 연락을 받았어."

"아!"

너무 기쁜 나머지 우리 모두는 소리를 질렀다. 조금 전까지 스릴러 영화 같았던 차 안의 공기가 달라졌다. 푸제는 곧장 풀악셀로 차를 몰았다. 하지만 L의 몸 상태나 구체적인 내용은 아무것도 알 길이 없었기에 마냥 좋아할 수만은 없었다. 십여 킬로미터 떨어진 공사현장이 아득히 멀게 느껴졌다. 전해 들은 게르 앞에 차를 세우고 뛰어들어 갔지만 게르 안에는 아무도 없었다.

다시 심장이 철렁 내려앉았다. 게르 밖으로 나와 보니 멀리 공사현장이 보였다. 자화가 인부 중 한 명을 데리고 푸르공에 탔다. 차는 다시 빠르게 움직이기 시작했다. 우리는 인부의 이야기에 귀를 기울였다.

"아침에 오토바이로 이동하던 유목민이 길을 잃고 헤매는 한국인을 발견했어. 하지만 말이 통하지 않아 마침 한국어를 할 수 있는 몽골인 인부가 있는 공사장으로 그를 태워주었어."

"한국인은 다친 곳은 없었지만 몹시 불안해 보여서 따뜻한 차를 주었지. 그를 중고비 시내 경찰서에 데려다주려고 했지만 그가 일행을 만나야 한다며 전화를 부탁했어. 하지만 이곳은 통신이 닿지 않으니 근처 유목민들에게 구조요청을 하기 위해 전화가 터지는 곳으로 함께 이동했어."

모퉁이 몇 개를 돌아가니 멀리 차와 사람들이 서 있는 게 보였다. 한국인을 태우고 간 인부들과 우리 일행이 만난 것이었다. 다행히 L은 안정을 찾은 모습이었고 그의 친구는 L을 보자마자 그의 가슴에 주먹을 날리고 몇 걸음 걸어가더니 털썩 주저앉아 눈물을 흘렸다. 그 모습을 지켜보던 나도 눈이 뜨거워졌다. 얼마나 마음을 졸였을지 짐작이 갔다. 숫자로만 알고 있던 이흐가즈링 촐로의 면적을 L을 찾아 헤매면서 체감할 수 있었다. 넓어도 너무 넓었다. 이런 곳에서 혼자가 된다는 것이 어떤 위험인지 뼈저리게 느낄 수 있었다. 그의 이름을 외치며 돌아다닌 기억은 평생 잊을 수 없을 것 같다. 하물며 당사자는 어땠을까?

그날 밤 각자의 자리에 텐트를 치고 그의 모험담(?)을 듣기 위해 모였다. 새벽 5시 50분경 배가 아파 자연 화장실을 찾아 산책을 나선 L은 멀리 초원에 서 있는 말을 보고 신기해 그쪽으로 걷다가 문득 돌아오는 길을 잃어버렸다고 한다. 단순히 걸어온 반대쪽으로 돌아가면 될 거라 생각하고 걸었는데 몇 번 코너를 돌아온 뒤편에는 전혀 다른 풍경이 있었고, 여기겠다 싶은 곳을 찾아 헤맸지만 점점 오리무중이 되었다고. 두세 번 틀리고 나니 패닉에 빠지게 되고 완전히 방향감각을 잃고 말았다는 것이었다. 차가 지나간 흔적을 따라 걷다 보니 허기가 지고 지쳐서 바위에 앉아 쉬기도 했고 높은 곳에 오르면 혹시 일행이 보일까 바위 위로 올라가 보기도 했지만 다 소용없었다고 했다. 길을 걷던 중 표지판이 보여 거기서 누군가 지나가길 기다리다가 목이 말라 표지판에 매달린 고드름도 따먹었다고 했다. 그러다 그곳에서 마침 지나던 몽골인을 만난 것이었다.

두근두근 몽골 원정대 15기에서 해보고 싶은 버킷리스트 중 하나가 지평선 안에서 혼자가 되어보기였다. 하지만 이날 아침의 사건으로 인해 이 이벤트는 취소되었다. 시간적으로도 여유가 없었지만 마음의 여유도 사라진 탓이다. 결국 '지평선 안에서 혼자가 되어보기 체험'을 진하게 해본 사람은 L뿐이다. L의 사건으로 인해 나는 지난 십 년 동안 몽골 여행을 하면서 한 번도 해본 적 없던 스마트폰 데이터 로밍을 하게 되었다. 요즘 모 연예 프로그램에서 익숙한 이름이 들린다.
그의 이름은 '상철'. 잘 지내고 계신가요?

두려움과 두근거림은
종이 한 장 차이

○

오양가 솜 초원 위에서 일행들과 멀찍이 떨어져 텐트를 치고 누웠다. 바람 하나 없는 고요한 밤에, 지나가는 말이나 양의 발이 걸리지 않도록 가이라인(Guyline, 텐트 묶는 줄)을 처리하고 발 아래쪽에 작은 LED랜턴을 켜 놓고 깜박 잠이 들었다. 갑자기 땅이 울리는 소리에 눈을 떴다. 마치 기찻길 옆 방안에 누워 있는 것처럼 무거운 흔들림이 등으로 전해져 왔다. 진동으로 짐작해 보건대 덩치가 큰 짐승들이 다가오고 있다는 직감이 들었다. 순간 동공이 열리고 등 뒤 척추를 타고 소름이 올라왔다. 머리카락이 곤두서고 심장 뛰는 소리가 귀에 들릴 정도로 커졌다. 이제껏 겪어 보지 못한 두려움에 손 하나 까딱 못하고 누워 있었다. 부디 텐트만 밟지 말고 지나가기를!

그런데 문득 이 많은 짐승들의 정체가 궁금했다. 묵직한 발자국 진동으로 예상컨대 분명 양이나 염소는 아니었다. 텐트 문을 열어 보고 싶었다. 무섭고 떨렸지만 확인해 보고 싶었다. 누운 채 조심조심 텐트의 지퍼 고리를 잡았다. 최대한 천천히 텐트 문을 열었다. 1초에 0.5센티미터씩. 그러자 달빛이 텐트 안으로 쏟아졌다. 상체를 조용히 일으켜 세웠다. 꽃봉우리가 개화하듯 은밀하게, 중력을 온몸으로 이겨내며 상체를 일으켰다. 빛이 흘러들어오는 틈 사이로 빠끔히 얼굴을 디밀고 밖을 쳐다보았다. 영화 〈라이온 킹〉의 무파사가 소 떼에게 짓밟히는 장면이 떠올랐다. 텐트 밖으로 머리를 내민 나는 내 텐트가 야크 무리의 행렬 한가운데 있다는 것을 알게 되었다. 무시무시한 파도가 하얗게 포말을 일으키며 밀려들듯 야크 무리는 내 텐트를 향해 밀려들더니 코앞에서 갈라져 지나쳐 갔다. 달빛이 야크의 부드러운 등허리 곡선 위에서 물결처럼 흔들리며 반짝였다.

이른 아침에는 거친 숨을 뱉으며 말 한 무리가 지나갔다. 두려움과 두근거림은 비슷한 감정이라는 사실을 깨달았다. 둘의 차이는 용기다. 자기 주도성은 두려움을 두근거림으로 변화시킨다. 내 인생에 다시 그런 밤을 만나고 싶지 않다. 하지만 그 밤의 일은 앞으로도 영원히 기억하게 될 나의 모험담이 되었다.

늑대가 무서워?
날벌레가 무서워?

○

멀리서 보면 희극 가까이에서 보면 비극이라는 찰리 채플린의 말은 몽골에서도 통한다. 초원의 호수는 멀리서 보면 아름답지만 가까이에서 보면 날벌레가 많다. 그냥 많은 정도가 아니라 너무 많다. 이토록 아름다운 호수가 날벌레 천국이라니, 비극이 아닐 수 없다.
물론 온종일 많은 것은 아니다. 뜨거운 한낮과 추운 밤에는 벌레들이 없다가 해 질 무렵이 되면 어디선가 우르르 나타난다. 어떤 때는 쓰나미급으로 나타나 입을 열어 말할 수 없고 눈도 제대로 뜨지 못할 정도다. 내 주변에만 벌레가 많은 게 아닐까 싶어 빠르게 달려본 적도 있다. 한참을 달려도 벌레는 사라지지 않았다. 내가 있는 곳만 벌레가 많은 걸까? 아니면 벌레들이 나를 쫓아다니는 걸까? 도대체 알 수 없을 정도다.

나이망 호수에서 원정대는 파리떼의 습격을 받았다. 조용하고 여유로운 풍경을 가만히 즐길 수 없게 만드는 파리떼들 때문에 비닐장갑에

물을 넣어 나무에 매달기도 하고, 인센스를 피우기도 했지만 파리떼는 좀처럼 사라지지 않았다. 말똥이나 소똥으로 모닥불을 지펴 연기를 내면 신기하게도 어느 정도 사라지지만 이 역시도 속시원한 해결책은 아니었다. 모기도 마찬가지. 모기 패치, 방향제, 밴드도 소용 없었다. 그저 기다리는 것 외에는 방법이 없다. 해가 지고 날씨가 쌀쌀해지면 벌레는 감쪽같이 사라진다. 자화는 이 벌레들이 호수로 들어가 물고기의 밥이 된다고 했다. 날벌레가 호수에만 있는 것은 아니다. 초원에서도 모기나 파리떼를 만나는데 아이러니하게도 예쁜 꽃이 많은 초원에는 파리떼가, 물웅덩이가 있는 습지에는 모기가 있다.

몽골의 바람이 반가운 이유는 바로 여기에 있다. 바람이 불면 날벌레가 사라지니까. 사람들이 그 어떤 방법을 사용해도 사라지지 않던 모기와 파리가 바람이 불면 흔적도 없이 사라진다. 그래서 바람이 불면 초원 위의 모든 동물들은 행복하다. 물론 직접 들은 것은 아니지만 짐작컨대 소와 말도 나처럼 바람을 좋아할 것이다.

초원에서 차가 고장 나면
생기는 일

○

초원에서는 차가 고장 나는 일이 흔하다. 바퀴가 진흙에 빠지고 펑크가 나기도 한다. 낡은 자동차로 비포장도로를 달리다 보면 어쩔 수 없다. 일어날 수 있는 모든 일이 생긴다고 보면 된다.

챙헤르로 가는 길에 강을 만났다. 드라이버는 물길을 따라 올라가며 수심이 얕아 보이는 곳을 찾고 있었다. 대략 이쯤이 가장 수심이 얕아 보인다 싶은 곳에 다른 차들도 많이 모여 있었다. 드라이브들이 긴 나무를 꺼내와 수심을 체크하고 의견을 나누더니 푸르공 한 대가 결심한 듯 강을 건너기 시작했다. 나머지는 숨죽인 채 강 맞은편으로 첫 번째 푸르공이 건너는 모습을 지켜보았다. 그 차는 무사히 강을 건넜다.

우리 차는 미니버스였다. 승용차와 미니버스는 고민에 빠졌다. 결국 우리 중 하나가 먼저 푸르공이 지나간 궤도를 따라 힘차게 달려들었지만, 강 한가운데서 멈춰 서고 말았다. 더 이상 달리기를 거부하는 말처럼 푸드덕 소리를 내더니 엔진이 꺼졌다. 차 안에 고립된 사람들과 강을 건너지 못한 사람들은 반 강제로 자유시간을 가져야 했다.

언제 끝날지 알 수 없는 기다림의 시간 동안 누군가는 물수제비를 뜨고, 누군가는 신발을 벗은 채 물놀이를 즐겼다. 무엇 하나 없는 지평선 위에서는 살아있는 모든 것들이 자석처럼 인력을 갖게 되는지도 모르겠다. 끝을 알 수 없는 자유시간을 공유하게 된 일행들은 아직 어색한 사이였지만 서먹함이 봄볕에 녹는 눈처럼 사라졌다. 위기가 닥치면 사람들 사이에는 공동체 의식이 생긴다. 사방을 둘러봐도 도와줄 사람이 없는 곳에서 운전자들은 하나가 되어 열심히 해결책을 찾았다. 물론 뚜렷한 방법은 없었지만.

마침 먼 곳에서 말을 타고 어린 소년 둘이 나타났다. 우리는 마치 무인도에 고립되었다가 구조를 기다리는 사람들처럼 격하게 손을 흔들었다. 하지만 소년들은 무뚝뚝하게 우리의 존재만 확인한 후 다시 가던 길로 사라져 버렸다.

얼마나 지났을까? 트랙터 한 대가 도착했다. 조금 전 소년들이 인근 마을에 달려가 이 상황을 알린 것 같았다. 트랙터는 차를 묶어 강 밖으로 끌어내고 고장 난 차를 수리했다. 드라이버는 어떻게든 차를 고쳐낸다. 그동안 수없이 많은 일을 겪었지만 차를 고치지 못한 드라이버는 단 한 명도 보지 못했다. "부아아앙~~~"
멀리 차에서 우렁찬 엔진소리가 들리면 모든 사람은 일제히 환호성을 지르며 박수를 친다. 드라이버들은 그 순간 영웅이 된다. 초원을 여행하는 사람들은 산 넘고 물 건너 점점 하나가 되어 간다. 그게 바로 초원의 문법이다.

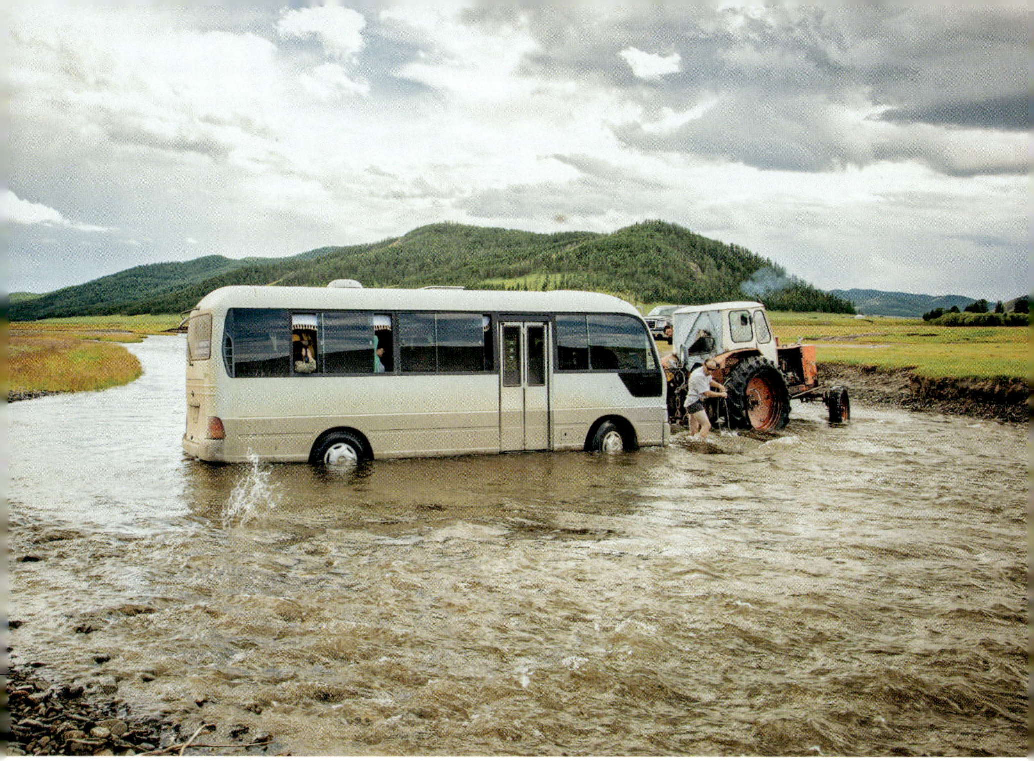

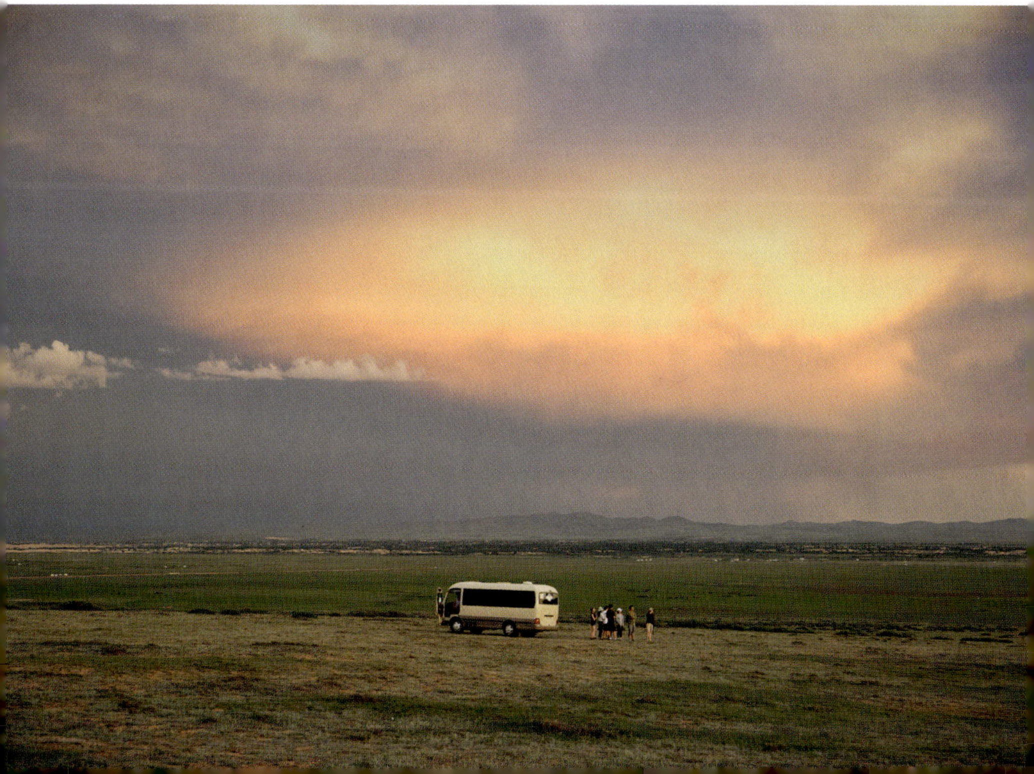

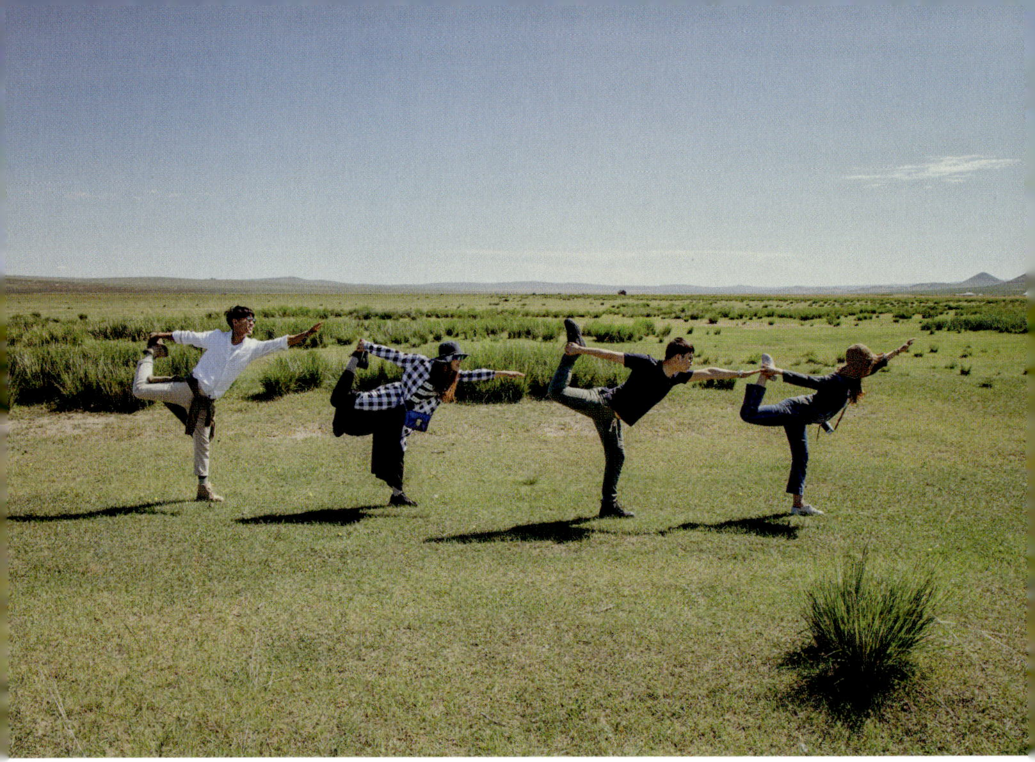

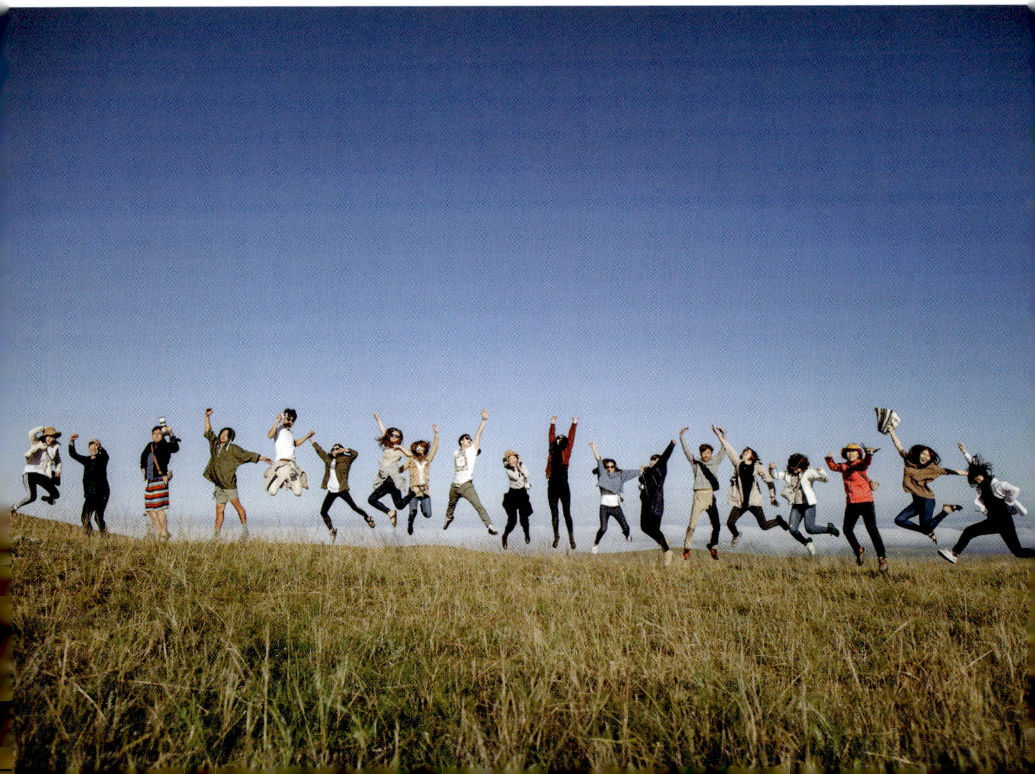

'어디'보다 '누구와'가
더 중요한 여행

○

몽골은 혼자서 갈 수 있는 여행지가 아니다. 이정표도 없고 인터넷은 커녕 통신도 닿지 않는 곳이 많다. 하루에도 몇 번이고 사방 지평선 안에 홀로 존재하는 상황이 비일비재하니 혼자는커녕 차 한 대로 떠나는 것조차 마음이 불안하다.

예전에 차 한 대로 떠난 고비 여행에서 바퀴가 펑크 난 적이 있다. 더는 예비 타이어도 없어서 한 번만 더 펑크가 난다면 큰 낭패였다. 가는 내내 조마조마 얼마나 마음을 졸였는지 모른다. 설상가상으로 폭우까지 만났다. 바퀴가 진창에 빠져도 고립될 수 있다. 그래서 지평선 저 멀리에서 비구름이 보이면 비를 피하기 위해 서둘러 길을 재촉해야 한다.

초원에서 동행은 선택의 문제가 아니다. 날씨, 길 잃어버림, 야생동물 등 온갖 예측할 수 없는 상황에서 서로 돕고 의지할 수 있는 동행의 존재는 필수다. 그들 덕분에 도시에서 수백 킬로미터 떨어진 오지에 텐트를 치고 그들에게 의지해 초원 위의 별을 감상할 수 있는 거다.
원정대 여행을 할 때마다 새로운 사람을 만난다는 것은 두근거리는 일이지만 더러는 다양한 사람들이 모이다 보니 '인간 관계'로 생겨나는 문제를 피할 수 없다. 사랑하는 사람과 함께 떠난 신혼여행, 오랜 친구와 떠난 여행에서도 갈등이 생기기 마련인데 하물며 난생 처음 만난 사람과 겪는 오지 여행은 오죽할까. 고대 그리스 서사시 〈일리아스〉의 아킬레우스와 아가멤논처럼 별것도 아닌 사소한 문제로 그룹 전체의 여행을 망치는 이도 있기 마련이다. 사람 있는 곳에는 어디서든 좋은 사람, 좋은 일만 있을 수 없다는 게 인지상정인 것이다.

몽골 원정대 1기와 여행을 떠났던 첫날밤, 모닥불을 둘러싸고 밤하늘의 별을 보며 도란도란 이야기를 나누고 있을 때였다. 한 몽골인이 술에 취한 채 다가와 같이 이야기 나눌 수 있냐고 물었다. 그는 술에 취해 반쯤 알아듣기 힘든 말로 자신의 이야기를 쏟아냈다. 그는 한국말이 가능한 가이드였고, 대사관 직원 가족과 함께 고비로 여행을 가는 중이라고 했다. 가족들이 일찍 취침을 해서 혼자 술을 마시다가 우리에게 건너왔다고 했다. 그의 주사로 우리는 더 이상 대화를 이어갈 수 없었다. 1기 기장이 정중하게 그에게 자리를 비켜 달라고 요청했다.
"이 순간이 우리에게는 짧고 소중한 시간이라서요. 죄송하지만 자리를 비켜 주실 수 있을까요?"
그제서야 겨우 그는 휘청거리며 자리를 떠났다.

다음 날 아침 식당에서 우리는 그 가이드를 다시 만났다. 술이 덜 깬 얼굴로 앉아 있는 그의 곁에는 아이가 있는 한국인 가족이 식사를 하고 있었다. 답답한 기분이 들었다. 오직 그에게 의지해 고비 여행을 다녀와야 하는 가족이 딱하기까지 했다. 그 가족에게 몽골 여행은 과연 어떤 추억이 될까?

나는 자화와 함께 몽골 여행을 시작했고 그후로 지금까지 오랜 세월 함께하고 있다. 돌이켜보면 몽골 여행에 장소는 중요하지 않다. '어디로'보다 '누구와' 떠나느냐가 더 중요하다. 아니 어쩌면 몽골 여행뿐만이 아니라 모든 여행이, 아니 삶 자체가 그러하겠지만.

여행 중 사람 문제로 고민하는 나를 보면 자화는 술을 권하고 잠들라고 조언한다. 나는 그의 말대로 여행의 숨겨진 시간 속으로 잠시 사라진다. 생각도 무엇도 없는 시간의 공백. 여행의 귀중한 시간이 아쉽지만 돌이켜보면 꿈꾸며 지나친 초원 위의 여백은 너그러움을 만들어주었다. 어쩌면 잠든 것도 여행이었으려나.

6장

초원과 하늘 사이의
여행

Photo Essay

6장 · 초원과 하늘 사이의 여행

항가이에서 만난 아이들

하루에 차 한 대 지나는 모습을 보기 힘든
항가이산맥 오지에서 유목민 가족을 만났다.
그들은 홉스골까지 태워달라고 부탁했다.
자리가 충분하지 않아 네 명의 가족이 버스 두 대에 나눠 탔다.
엄마와 떨어져 우리 차에 타게 된 어린 남매는 낯선 이방인들이
어색했는지 호기심 어린 주변의 시선을 의식한 채
굳은 표정으로 정면만 뚫어져라 응시했다.
우리는 어색함을 풀어보려고 노력했지만
그들은 체념한 전쟁 포로처럼 표정 없이
입을 굳게 다물고 있었다. 긴 침묵이 이어졌다.
그때 누군가 아이의 귀에 이어폰을 꽂아주었다.
갑자기 오븐에 넣은 크루아상 생지처럼
아이의 뺨이 부풀어 오르면서 미소가 번졌다.
창밖이 어둑해질 즈음에는 우리와 함께 웃으며 장난도 쳤다.
서로 막 좋아진 순간, 아쉽게도 그들이 내려야 할 곳에 도착했다.
우리는 모두 버스에서 내려 지평선 아래로 꺼져가는
노을을 배경으로 함께 사진을 찍었다.

6장 · 초원과 하늘 사이의 여행

가까운 관광지 테를지

○

몽골 여행에서 빼놓을 수 없는 가장 유명한 곳이 테를지인데, 나는 테를지를 좋아하지 않는다. 말을 타기 위해 잠깐 다녀오기도 하지만 선호하는 여행지는 아니다. 테를지의 경관은 아름답다. 높고 낮은 산과 기이한 모양의 바위와 나무 등 아름다운 자연을 가진 곳임은 분명하다. 하지만 이 풍경은 우리에게 그다지 낯설지도 않을 뿐더러 몽골 자연의 대표성을 가진다고 말할 수도 없다.

테를지가 인기 있는 이유는 빼어난 경관뿐 아니라 도심에서 가까운 거리면서 관광 인프라를 갖췄기 때문이다. 도시와 가까운 덕분에 시설 좋은 여행자 캠프가 많고 다양한 액티비티를 갖추고 있다. 한 예로 20~30명의 그룹이 단체 승마를 한다면 테를지 외에는 거의 답이 없다. 조금만 초원으로 깊이 들어가도 말의 숫자가 줄어들기 때문이다. 대부분의 패키지 여행이 테를지를 중심으로 이루어지는 이유다.

해마다 여행자 캠프가 늘어나고, 10층 높이의 호텔도 들어서고 있다.

새로운 도로가 더 깊숙이 만들어지니 갈수록 여행은 더 편해지지만 전봇대와 전깃줄이 하늘에 걸리고 밤에 별을 보기 어려운 곳이 되었다. 물론 테를지에도 유명한 트레킹 코스가 있고 더 좋은 곳이 얼마든지 있지만 일반 관광객은 그곳에는 잘 가지 않는다. 무엇보다 몽골의 아득한 지평선과 초원을 좋아하는 나에게 테를지는 그저 관광지일 뿐이다. 테를지만 다녀오면 어떻겠냐고 물어보는 지인들에게 나는 차라리 가까운 양평, 홍천 혹은 강원도 여행을 추천한다. 우리나라 대부분의 몽골 여행자들이 테를지에 가지만 그곳에는 내가 찾는 몽골은 없다.

미니 사막 엘승타슬하이

○

몽골 여행을 하는 이들 중에서 단지 사막을 보기 위해 1000km가 넘는 고비 여행을 하는 이들이 있다. 그들은 3박 4일 차만 타고 달려서 겨우 사막에 도착한 뒤 잠시 머물다 되돌아온다. 그렇게 몽골의 사막을 볼 거라면 차라리 고비보다는 도시에서 비교적 가까운 거리에 있는 엘승타슬하이를 가는 게 낫다.

여행자들은 엘승타슬하이를 미니 사막이라 말한다. 위치와 보는 방향에 따라 규모가 작다고 할 수도 있지만, 80km의 깊은 사막이라 체험을 목적으로 한다면 나쁘지 않다. 관광객이 주로 찾는 초입에서 능선 두세 개만 넘어도 사람의 발자국을 찾기 힘든 오지 사막을 체험할 수 있다(하지만 그렇게까지 걸어가는 관광객은 보지 못했다). 이곳에서 가장 특별한 것은 사막이지만 조금 더 살펴보면 바위산, 초원, 습지 등 즐길 것이 많다. 특히 낙타 체험을 할 수 있어서 테를지만큼이나 사람들이 많이 찾는 곳이다.

앞서 관광지를 좋아하지 않는다고 했지만 엘승타슬하이는 조금 다르게 여긴다. 이유는 우선 몽골의 중앙 지역으로 나가거나 도시로 들어가기 전 머물기 좋은 위치다. 그리고 야영하기 좋은 나만의 장소가 많다. 멀리 초원 건너편에 있는 바위산 트레킹이나 습지 트레킹을 가기도 했고, 내 인생에서 세 손가락 안에 드는 일몰도 이곳에서 만났다. 짧은 일정에 사막과 초원을 모두 경험하고 싶다면 엘승타슬하이를 추천한다.

초원,
진정한 몽골 여행의 시작

○

진정한 몽골 여행은 아스팔트가 없는 곳에서 시작한다. 몽골 여행에서 만나는 길은 크게 두 가지인데, 아스팔트가 깔린 고속도로와 초원의 비포장도로다. 몽골은 21개 아이막 중심을 잇는 아스팔트 도로가 있다. 여행자는 최대한 근처까지 도로를 이용하다가 초원으로 들어서서 목적지까지 이동한다.

초원에도 길이 있다. 앞서 간 차들의 흔적이다. 비포장도로에서는 속도가 줄어든다. 초원의 길은 여러 갈래로 갈라지고 다시 만난다. 여행 내내 윈도우 바탕화면이 펼쳐진다. 아무리 봐도 질리지 않는 풍경이지만 아기를 재우는 요람처럼 스르륵 잠이 온다. 지난밤 별 때문에 함께 나눈 이야기 때문에 잠이 모자랄 텐데, 차 안에서의 잠은 길 위의 시간을 단축시켜 준다. 깜빡 잠이 들어서 중간에 눈을 떴다고 아쉬워할 것도 없다. 초원은 늘 같은 얼굴을 가지고 있기 때문이다.

초원 위에 고인 하늘,
호수 여행

○

몽골은 바다가 없는 내륙 국가라 물의 의미가 특별하다. 그래서 몽골 사람은 강이나 호수를 바라보는 시선이 우리와 다르다. 유명한 관광지 근처에는 대체로 물이 있다. 가장 유명한 홉스골도 호수고, 테를지에는 톨강이 흐른다. 관광객에게 유명한 어기호수, 테르힌 차강호수, 칭기즈칸이 왕의 칭호를 얻은 곳 역시 호수 앞이다.

울란바토르에서 네 시간 거리의 어기호수Ugii Nuur는 몽골인에게 특별한 곳이다. 어기호수는 울란바토르에서 서쪽으로 약 380km 떨어져 있다. 시내에서 출발해 줄곧 초원을 반으로 가르던 긴 아스팔트 도로에서 벗어나 비포장길로 이어진 높은 언덕 위에 오르면 멀리 호수가 보인다. 초원에 넓게 고인 물웅덩이 같은 어기호수는 몇 번을 다시 봐도 아름답다. 이 언덕 위에 텐트를 치고 싶다고 자화에게 말하니, 이해할 수 없다는 표정을 지었다. 바로 눈앞이 호수인데 왜 평범한 곳에 머무르려는지 모르겠다고 한다. 한국인과 몽골인의 차이다. 한국 사람은 일상에 탁 트인 풍경을 볼 수가 없어서 휴일에 산을 오르는 사람이 많다. 물이 귀한 몽골에 사는 사람들은 둘레가 20km나 되어 한눈에 담기 힘든 거대한 호수의 의미가 남다를 것이다. 특히 어기호수는 도시에 비교적 가까우면서 큰 호수라 인기 있는 곳이다. 어기호수에서는 승마도 할 수 있다. 호수와 드넓은 초원이 어우러진 곳이라 특히 해 질 녘 승마는 테를지와 비교할 수 없는 경험을 선사한다. 몽골에서 말을 탄다면 이런 곳에서 경험해야 제맛이다. 여러 번 어기호수에 갔지만 아직 한 번도 언덕 위에서 하룻밤을 보낸 적은 없다. 호수 건너편으로 느리게 저무는 저녁 노을은 아름다울 것이다. 늘 처음인 동행들을 배려해 물가로 이동했다. 언젠가 다시 이곳을 찾는다면 마음이 맞는 사람들과 언덕 위에서 하룻밤을 보내고 싶다.

몽골에는 수많은 차강호수가 있는데 그중 관광객에게 가장 알려진 곳은 테르힌 차강노르다. 차강은 '흰색' 노르는 '호수'를 뜻한다. 나는 차강호수에 세 번 가봤다. 처음 갔을 때 본 일몰은 아직도 기억이 생생하다. 예상보다 늦은 시간에 도착해 저녁 식사를 해야 하는데도 분홍빛 호수에 마음을 빼앗긴 자화와 나는 한참을 호수에서 서성였다. 예상하지 못했던 아름다운 순간이었다.

두 번째 차강에 갔을 때도 느지막한 오후였다. 저녁 식사 후 여행자 캠프에서 나와 호수 앞 언덕을 바라만 봐도 황홀했다. 멋진 산세가 병풍처럼 둘러 있었다. 노르웨이 게이랑에르 지역의 뾰족하게 솟아난 산 귀퉁이를 잘라 둔 것 같은 풍경에 반해 게르를 비워 두고 그곳에 텐트를 치고 하룻밤을 보냈다.

세 번째 만남으로 인해 차강은 두고두고 잊을 수 없는 장소가 되었다. 드론 촬영 중 실수로 드론을 빠뜨린 것이다. 좀 더 극적인 연출을 위해 호수 가까이 드론을 내렸다가 신호가 끊기면서 호수 한가운데서 마지막 영상을 스마트폰으로 보내고 깊은 호수 아래로 잠겼다. 비싼 드론 가격보다 더 안타까운 것은 10박 11일 몽골의 서쪽 여정이 담긴 메모리 카드가 함께 수장된 것이었다. 그 당시 받은 상처와 충격은 꽤 컸다. 하지만 시간이 지나고 나니 지금은 잊을 수 없는 기억이 되었다(추억이라 말하고 싶지는 않다).

십여 년 몽골을 여행하다 보니 지역마다 '차강'이라는 이름을 가진 호수가 있다는 걸 알게 되었다. 왜 호수의 이름이 차강일까? 곰곰히 생각하다가 겨울 몽골 여행에서 그 답을 찾게 되었다. 영하 50도 홉스골 깊숙한 곳에서 만난 차강호수는 얼어붙은 호수 위에 눈이 쌓여 하얀 색이었다. 몽골의 수많은 차강호수들은 봄이 오기 전까지 눈이 녹지 않을 것이다. 그 얼음 밑에 잠긴 내 첫 드론과 서쪽 여행에서 담은 영상을 생각하면 지금도 특별한 마음이 솟아난다. 마치 그 호수에 특별한 기억을 저금한 것 같은 기분이다.

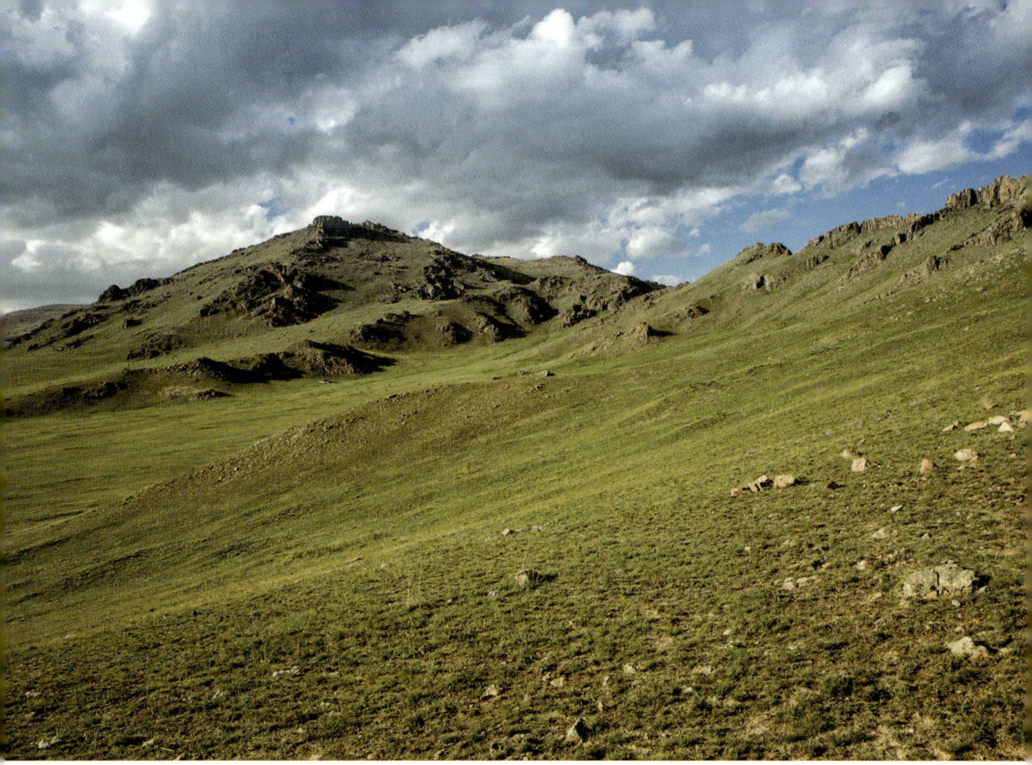

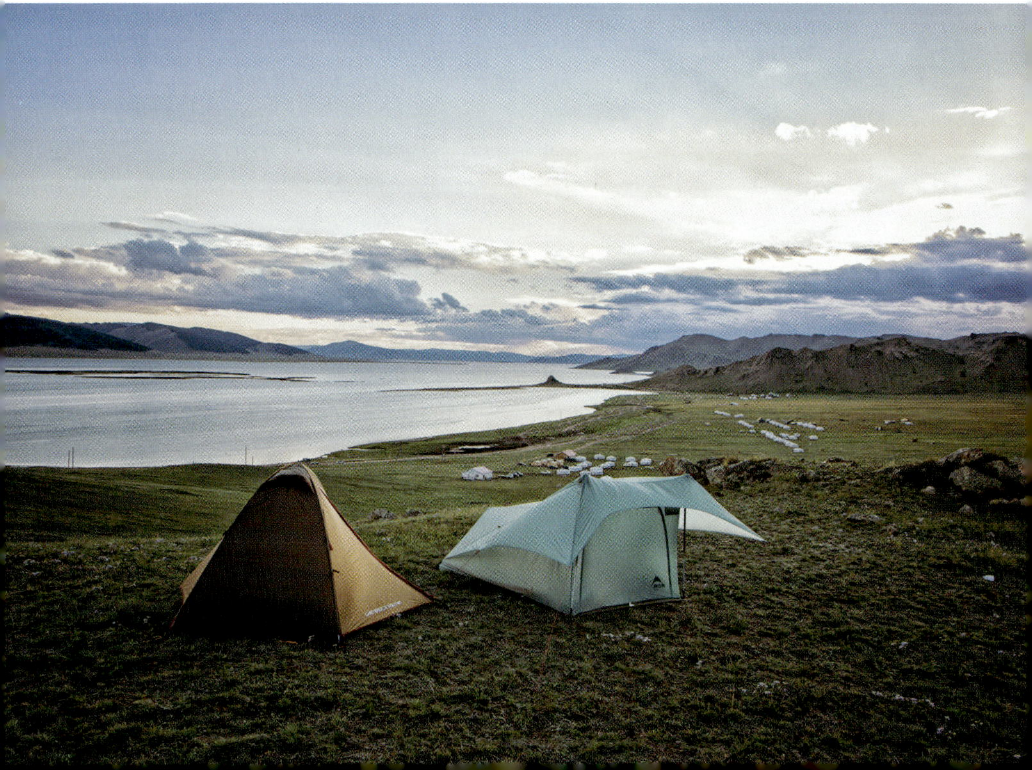

새벽 타미르강으로
홀로 떠난 백패킹

○

새벽 1시 30분 여행자 캠프를 출발해 부슬부슬 내리는 비를 맞으며 타미르강으로 향하고 있다. 저녁 식사 후 자연스럽게 이어진 술자리가 끝날 기미가 보이지 않아 혼자 슬쩍 일어나 짐을 꾸렸다. 함께하기로 했던 친구들은 비도 오고 여행 초반이니 오늘은 쉬는 게 어떻겠냐고 물었다. 하지만 이날을 기다리며 한국에서 가져온 텐트를 가방에서 꺼내지도 않은 채 도로 가져가고 싶지 않았다. 비가 내릴 때 사용하라고 텐트가 있는 거다. 오늘 밤을 포기한다면 이 여행을 기다려온 의미가 없다고 생각했다.

결국 홀로 캠프를 떠나 강가로 향했다. 타미르강은 숙소에서 700~800m밖에 떨어져 있지 않지만 눈으로 확인할 수 있는 거리는 아니다. 낮에 너른 캠프 안마당을 건너, 듬성듬성 만들어 놓은 울타리 너머 한가로이 풀을 뜯고 있는 양 떼를 지나 산책했던 기억이 났다. 양 떼 옆에는 큰 개도 있었는데 목줄도 없는 덩치 큰 개는 가만히 있는 것만으로도 위협적이었다. 하지만 일행이 많아서인지 덤비거나 다가오지는 않았다. 적당히 서로 모른 척하고 멀찍이 지나쳤다. 다음엔 작은 개울이 나왔다. 야트막한 물이 고여 있었지만 폭이 꽤 넓었다. 장화를 신은 덕분에 쉽게 건널 수 있었지만 운동화를 신고 온 이들은 건너지 못해 망설이다 저녁 노을에 취해 하나둘 신발을 벗고 개울을 건넜다. 쓰러진 고목을 넘어 가까이 보이는 산 방향으로 걸어갔다. 초원 한가운데 볼록 솟은 산은 높지는 않았으나 존재감이 있었다. 걸음이 끝난 곳에 검푸른 강이 흐르고 있었다. 타미르강은 몽골인의 마음에 흐르는 강이다. 자국의 유명한 소설 〈맑은 타미르〉의 그 강이다. 우리나라의 아리랑과 비슷한 민족의 정서가 담긴 강이다. 강 앞에 텐트치기 좋은 공간이 있었다. 이곳에 야영하며 일출을 보자고 동료들과 약속했다.

헤드랜턴의 불빛이 서서히 줄어들었다. 건전지가 수명을 다했는지 시야가 희미해셨다. 그리고 잠시 후, 창 없는 방에 스위치를 내린 것처럼 컴컴해졌다. 사방에 아무것도 보이지 않았다. 눈을 감으나 뜨나 마찬가지였다. 눈이 아무런 역할을 할 수 없는 것은 태어나 처음 겪는 경험이었다. 반사적으로 걸음을 멈췄다. 뺨과 얼굴에 떨어지는 빗방울의 촉감만 존재했다. 세상은 고요한데 어떻게 해야 할지 몰라 나만 잠시 혼란스러웠다.
스마트폰을 꺼냈지만 역시 배터리가 얼마 남아 있지 않았다. 이것마저 꺼지면 텐트를 설치할 수도 없으니 아껴야 한다. 낭떠러지도 없는 평평한 초원이었으므로 일단 걷자고 생각했다. 게다가 낮에 한 번 걸었던 길이었다. 하지만 다시 걸음을 떼려는 순간 내가 선 방향이 가야 할 방향이 맞는지 확신이 없었다. 그때, 별 지시기가 생각났다. 별 위치를 가리키는 얇은 녹색 레이저 건. 더듬더듬 꺼내서 켜보았다. 가는 빛이 저 멀리 날아간다. 하지만 주변은 여전히 보이지 않았다. 자세히 살펴보니 선이 닿는 포인트의 면적이 달라지는 것을 알게 되었다. 가령 멀리 지평선을 향하면 점은 작고 희미하게 보이지만 바로 앞의 땅 쪽으로 올수록 지름이 미세하게 커졌다. 그때 번뜩 떠오른 풍경, 낮에 본 산이 생각났다. 주변에 지평선을 가리는 것은 단 하나 바로 그 산이었다. 레이저 포인트로 지평선을 좌우로 스캔하니 딱 그 산의 폭만큼 포인트 면적이 커지는 구간이 보였다. 그 방향으로 걸었다. 돌아갈까 말까 몇 번을 생각했지만 이 작은 발견으로 인해 망설임 없이 걸음을 옮길 수 있었다.

첨벙첨벙 소리가 났다. 낮에 본 얕은 개울을 만난 것이다. 방향에 대한 확신이 생겼다. 별 지시기를 좌우로 휘휘 저으며 산의 방향을 확인하며 걸었다. 돌이켜보면 그때 나는 무서웠다. 손바닥조차 보이지 않는 공간을 불빛 없이 걷는 것은 눈을 감고 걷는 것과 비슷했다. 극도로 예민해진 귀는 근처의 소리부터 저 멀리 지평선에서 들리는 작은 소음까지 샅샅이 스캔했다. 다시 돌아갈까 하는 생각도 여러 번 들었다. 하지만 그러고 싶지 않았다. 수많은 망설임을 이겨내고 여기까지 왔는데 포기하고 싶지 않았다. 그런데 걸음을 옮길수록 두려움 속에서 두근거리는 감정이 느껴졌다.

얼마나 걸었을까 희미하게 물소리가 들렸다. 타미르강에 도착한 것이다. 텐트 칠 자리를 찾기 위해 스마트폰을 켰다. 우여곡절 끝에 텐트를 다 치고 들어가 옷을 벗고 수건으로 비에 젖은 머리와 몸을 닦고 시간을 확인하니 새벽 2시 58분이었다. 자정이 지나 캠프에서 출발했지만 이렇게나 많은 시간이 지났는지 몰랐다. 무사히 강에 도착해 텐트도 치고 누웠는데 마음 편히 잠들지 못했다. 그제서야 비가 온다는 사실과 바로 옆에 강이 있다는 것을 인지하게 된 것이다. 부슬부슬 내리는 정도라 괜찮겠지 싶은 생각으로 걱정을 억지로 누르고 있는데 '부스럭' 소리가 들렸다. 야심한 밤, 이 오지에 누가 있을 리 없었다. 환청일 거라 생각했는데 민감해진 귀는 이후로도 자꾸만 이상한 소리들을 감지해 냈다. 늑대일까? 아니야 말이나 가축일 수도 있어. 스스로 두려움을 다스리려 했다.

그런데 잠시 후 환청의 영역에 있던 소리가 점점 실제 소리로 들려왔다. 정신이 이상해진 걸까? 가만히 들어보니 사람의 소리 같다. 이런 곳에 왜 사람 소리가? 어쩐지 동물 소리보다 더 무서웠다. 흔적을 지우기 위해 스마트폰 라이트를 침낭 속으로 가렸다. 사람이라면 내가 있는 곳을 모르고 지나치는 편이 낫겠다는 생각이 들어서였다.

두려움은 나를 지구 최하위 레벨의 초식동물로 만들었다. 손 닿는 곳에 무기가 될 만한 것이라고는 텐트 펙을 고정할 때 사용하는 작은 망치가 전부였다. 점점 소리가 가까워졌다. 랜턴의 빛이 왔다 갔다 하다가 내 텐트로 고정되었다. 사람의 말소리는 빗소리에 섞여 잘 들리지 않았지만 몽골어도, 한국어도 아니었다. 집중해서 들어보니 북한 말소리였다. 나는 침낭에서 몸을 꺼내고 망치를 들었다. 그리고 발걸음이 적당히 가까워졌을 때 용기를 내어 텐트 문을 열고 밖을 살폈다. 랜턴 빛 때문에 형상이 잘 보이지 않았으나 사람은 한둘이 아니었다. 북한말로 나누는 대화가 또렷이 들렸고 커다란 봇짐을 맨 실루엣도 보였다. 낯선 상황에 머릿속이 혼란스러웠다. 대체 무슨 일인가?

그들은 낮에 함께 마이크로트립으로 이곳에 온 우리 일행들 중 일부였다. 연극과 선후배 학생들이라 북한말로 상황극을 하며 왔다고 한다. 백패킹 장비가 있는 몇몇이 장비가 없는 친구들을 데리고 온 것이다. 장비가 없는 이들은 게르에 있는 이불에 필요한 것들을 둘둘 말아 메고 왔다. 야심한 밤 텐트를 치고 내 텐트에도 섞여 함께 밤을 보냈다.

그날 내 텐트에서 첫 캠핑을 경험한 친구는 다음 해 자신의 텐트를 들고 몽골을 다시 찾았다. 그 밤에 겪은 소름과 두려움은 그 이전 이후로도 다시 경험하지 못했지만 그 속에 두근거림이 있었다는 것을 시간이 지날수록 선명하게 느끼고 있다. 컴컴한 암흑을 이겨내며 걸었고, 짐승을 쫓기 위해 라이트를 켜고 소리를 냈다. 그리고 낯선 인적으로부터 나를 보호하기 위해 망치를 들고 그 순간을 극복하기 위해 용기를 낸 소중한 경험.
그리고 하나 더!
캄캄한 밤, 빗속에서 지금이라도 돌아갈까 망설이던 시간을 이겨낸 후 '혼자 외로울까 봐 왔어요.' 라며 품에 들어온 동료들의 위로는 그 밤의 경험을 완성된 시나리오로 만들어 주었다.

우브르항가이
나이망의 기억들

○

우브르는 몽골어로 '앞'이라는 뜻이다. 우브르항가이는 항가이산맥의 앞쪽을 뜻한다. 관광객에게 유명한 챙헤르 온천이나 허르거 화산, 테르힌 차강 등이 아르항가이에 있다. 그에 비해 우브르항가이는 덜 알려져 있다. 오르홍 폭포 같은 유명한 관광지(추천하고 싶지는 않다)도 있지만 아르항가이에 비할 바는 못되고 우리나라 사람에게 특별한 풍경은 아니다. 고비나 홉스골 같은 그만의 특별함이 없는 이곳을 세 번이나 찾은 이유는 무엇일까?

우브르항가이에는 해발 2,000~3,000m의 고원지대에 화산폭발로 생긴 여덟 개의 호수 나이망이 있다. 나이망은 시베리아 검은 나무와 편백나무 숲, 초원이 화산 지형과 공존하는 곳이다. 호수 주변에 베이스캠프를 만들고 야영을 하며 트레킹을 즐기기에 좋다.

내가 이 지역을 좋아하는 이유는 단순하다. 몽골의 다른 초원보다 풀이 곱고 초원이 예쁘기 때문이다. 눈을 감고 몽골의 초원을 상상해 보면 우브르항가이의 초원이 떠오른다. 바로 나이망으로 이동하는 동안 창밖으로 보이는 풍경들이다.

나이망 호수는 몽골 영화 〈싱글레이디〉에 나오는 장소다. 〈싱글레이디〉에서 여주인공과 친구들은 차를 몰고 여행을 하다가 길을 잃어버린다. 도시에 사는 그녀들이 헤매다가 만난 풍경이 사진 속의 나이망 호수다. 설상가상으로 차까지 고장 나지만 다행히 근처 유목민의 게르를 발견한다.

게르에는 남자 주인공이 살고 있었다. 도시 여자와 유목민 남자의 만남이 이 풍경 아래서 펼쳐진다. 나이망은 도로가 험해서 몽골인들도 마음 편히 찾아가기 어려운 곳이지만, 좋은 계절이 되면 그만큼 찾아오는 사람도 많다. 나이망 호수에 닿으려면 소랑기 언덕을 넘어야 하는데 언덕 정상에서 내려다본 호수의 풍경이 이 주변 최고의 포토 스폿이다.

처음 이곳에 갔던 해에는 언덕 아래 호수 가까이 내려와 베이스캠프를 구축했다. 산 위에 거대한 서큘레이터를 설치해 놓은 것처럼 바람이 불고 비가 내리고 번개도 쳤다. 일몰은 볼 수 없었지만 부족함이 없을 만큼 아름다운 풍경이었다. 하늘에 별도 기대할 수 없었지만 풍경 속에 내가 있다는 사실만으로도 충만한 일몰 풍경이었다.

새벽에 일어나 호수로 작은 여행을 다녀왔다. 그리고 텐트 뒤에 있는 두 개의 나무에 해먹을 걸어 따뜻한 아침햇살을 흠뻑 즐겼다. 나무 귀한 몽골에서 해먹이라니! 흔들흔들 달콤했던 십여 분의 기억이 선명하다. 시간이라는 것이 그렇다. 특별한 일 분은 평생을 가고, 흔한 일상은 한 달만 지나도 기억나지 않는다.

그곳에서 우리가 만난 것은
기적이고 행운이었다

○

여행 중에 사고가 났다. 나는 사고 난 차량의 사람들과 함께 병원이 있는 울란바토르로 돌아가야 했다. 그곳의 일을 수습하고 다시 원정대로 합류하는 여정은 길고도 멀었다. 일행을 떠나 280km, 그리고 다시 저 만큼 멀어진 일행들을 찾아 한나절 꼬박 500km의 포장과 비포장도로를 달렸다. 길 위에서 보낸 시간들은 고비나 홉스골보다 멀게 느껴졌으니 초원의 거리는 마음이 정하는 것 같았다. "병원 일이 끝나면 우브르항가이의 그 언덕에서 다시 만나자!" 동료들과 여행을 이어가야 하는 자화와 나이망 시레트호수 앞 이름도 모르는 높은 언덕에서 만나자고 약속했다.

시간도 정하지 않고 그저 만나자는 한 마디 약속에 의지해 통신조차 닿지 않는 오지로 들어섰다. 핸들을 잡은 몽골인은 이곳이 처음이고 한 번 와본 적 있는 나는 외국인이었다. 가파른 언덕도 없이 평지를 달리는데 고도계는 어느새 해발 2,000m를 표시하고 있었다. 구름이 가까워졌다. 9월인데 먼 산 끄트머리에는 하얀 눈이 덮여 있었다. 오토바이를 타고 지나가는 유목민에게 물어물어 초원 깊숙이 들어갔지만 자연이 깊어질수록 약속은 점점 희미해져 갔다. 지평선으로 떨어지는 해를 보며 어쩌면 우리가 만나지 못할 수 있겠다는 생각이 들었다. 인공위성, IOT 등 디지털 혁명으로 가로 세로 3m 단위로 도시 구석구석의 위치를 지정하고 파악할 수 있는 시대에 몽골 여행의 의미는 이런 것이었을까?

우여곡절 끝에 약속한 언덕에 도착했다. 하지만 그 자리에서 기다리고 있을 것만 같았던 일행은 보이지 않았다. 해 질 녘이라 소랑기 언덕 위에는 사람도 차도 아무것도 없었다. 차갑게 식어가는 태양과 9월의 거센 바람을 맞으며 우두커니 서 있었다. 저 멀리 언덕 아래, 길이 사라지는 곳 어디쯤 시선을 둔 채 하염없이 생각에 잠겼다. '그곳에서 만나자'던 약속은 떠나온 거리만큼 시간만큼 아득해졌다. 내가 할 수 있는 유일한 것은 일행이 나타나기를 바라며 시평선을 바라보는 것뿐이었다. 타들어가는 마음과 먹먹한 그리움이 바람과 함께 수십 차례 지나가고, 결국 더 어두워지기 전에 그 자리를 떠나야 했다. '아직 이 길을 지나지 않았을 거다.' 마지막 기대를 붙잡고 언덕을 내려왔다. 바람이 많이 부는 능선이라 텐트를 치기 어려워 다시 적당한 평지를 찾아 야영을 하기로 했다. 어둑어둑해질 무렵, 산허리 어느 길모퉁이에서 드디어 일행을 만났다. 아마 길이 하나밖에 없는 오지가 아니었다면 우리는 만나지 못했을 거다. 하루가 아니라 일 년 만에 만난 사람들처럼 우리는 기뻐서 얼싸안고 날뛰었다. 통신조차 닿지 않는 곳에서 우리가 다시 만난 것은 행운이고 기적이었다.

6장 · 초원과 하늘 사이의 여행

7장

특별한 몽골 여행,
홉스골과 고비

Photo Essay

7장 · 특별한 몽골 여행, 홉스골과 고비

몽골의 계절

계절은 오는 게 아니다.
막아서도 지나가 버리는
바람처럼
파도처럼
애초에 쫓아갈 수도
마중할 수도 없는 무심한 것.

하트갈 달라이 캠프의
고요한 아침

○

달라이 여행자 캠프에 도착했다. 달라이는 '바다'를 뜻하는데 티벳의 '달라이 라마'의 달라이도 이 몽골어다. 몽골인들은 호수를 '노르nurr'라고 부른다. 하지만 이 홉스골은 노르가 아닌 달라이Далай다. 대체로 홉스골 여행에 대해서는 홉스골 초입의 하트갈 쪽보다 호수 안쪽 장하 이를 선호한다는 이야기를 많이 들었다. 아마도 하트갈 쪽이 호수의 폭이 좁아 바다 같은 개방감을 느끼기 어려운 풍경 때문인 것 같다.

하지만 달라이 캠프는 그동안 여행한 어느 여행자 캠프보다 기억에 남는다. 뒤편의 나지막한 언덕을 오르면 펼쳐지는 넉넉한 초원과 호수, 건너편 하트갈 솜의 풍경이 무척 인상적이었다. 무엇보다 캠프 바로 앞에 호수가 있어서 좋았다. 이곳에서 홉스골에 파도가 있다는 것을 알았다. 몽골인들이 이 호수를 '엄마의 바다'라고 부르는 이유가 있구나 싶었다. 호수 저편에서 쉼 없이 불어오는 바람은 물결을 함께 데려왔다. 작고 센 바람이 아니라 고요하고 큰 바람이다. 홉스골을 만나 가장 먼저 한 것은 시원한 물에 맥주를 담그는 일이었다. 7월 중순

한여름에도 호수의 물은 차갑다. 홉스골은 몽골 북쪽에 위치하고 고도는 해발 1,600m가 넘는다. 여름 한낮에도 가을 옷을 입어야 할 만큼 선선하다.

일행들이 곤히 잠들어 있는 이른 아침에는 캠프 뒤쪽에 있는 야트막한 언덕 위에 올랐다. 앞으로는 호수가 내려다보이고 뒤로는 넓은 초원과 숲이 아름답게 펼쳐져 있다. 한 자리에서 360도 파노라마 같은 풍경을 감상할 수 있었다. 멀리 능선을 넘어온 하얀 구름이, 시베리아 활엽수가 무성한 숲을 지나면서 부서지고 희미해져 초원 위로 내려앉았다. 시선이 닿는 사방 모든 곳을 둘러보아도 깨어 있는 존재는 나와 개미처럼 멀리 보이는 소 떼가 전부였다. 광활한 풍경에 어울리지 않는 정적. 오직 움직이는 것은 나와 부서지며 희미해지는 구름뿐이다. 그 아침의 고요함이 좋았다. 새소리, 물소리, 바람에 흔들리는 우리나라 숲의 소리와는 다른 특별한 홉스골의 아침 소리였다.

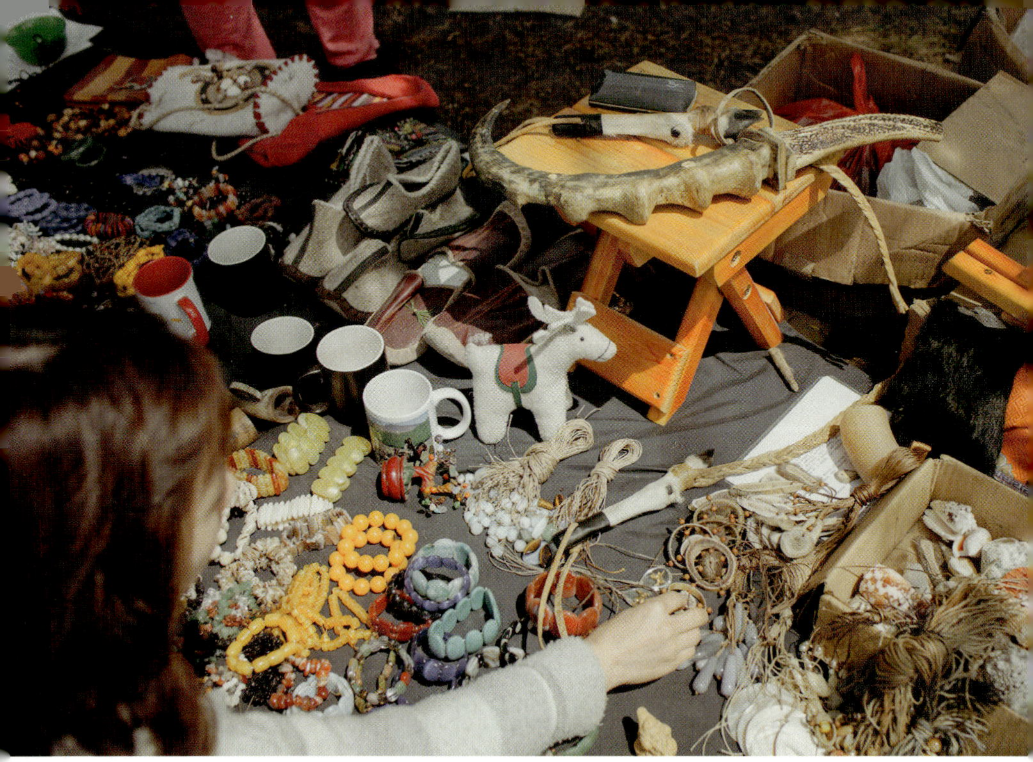

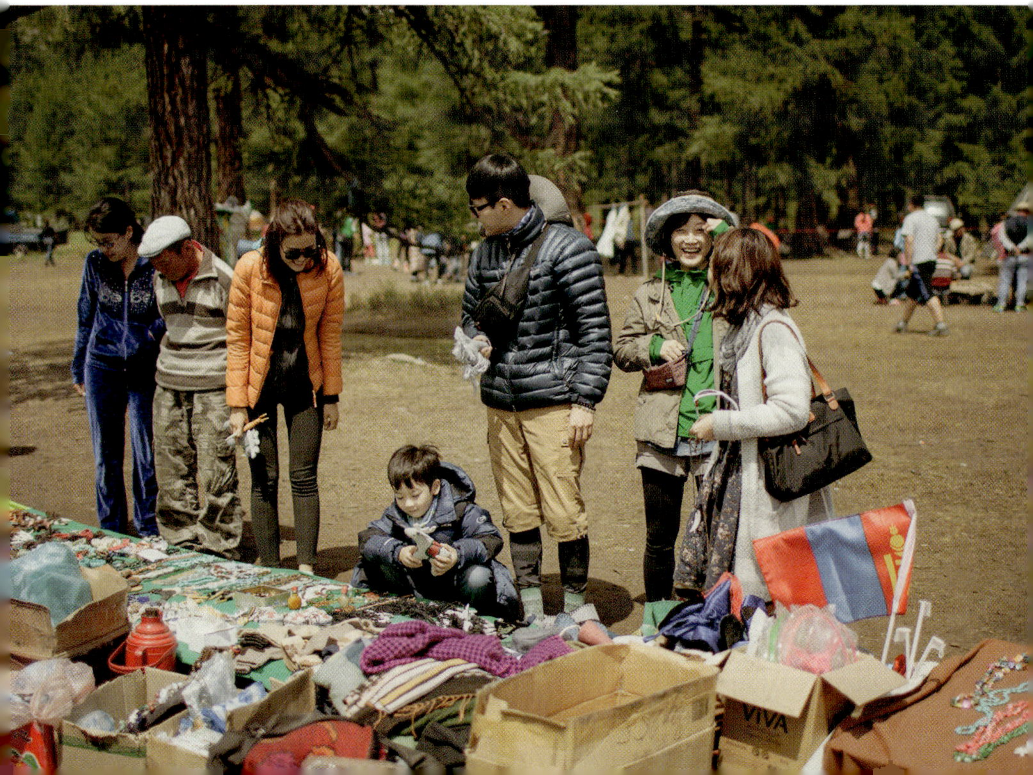
VIVA

차탕 마켓을 만나다

○

세계에서 인구가 가장 적은 소수민족이 몽골에 있다. 바로 차탕족이다. 차탕족은 순록을 따라 유목생활을 하는 소수민족으로 인구는 현재 280명이 채 안 되고, 게르가 아닌 '오르츠'라는 인디언 텐트와 닮은 원뿔형 거주지에서 생활한다. 차탕족은 겨울에는 홉스골에 살지만 여름이 오면 서북쪽으로 이동하기 때문에 여행자가 그들을 만나기는 어렵다.

여름에는 장하이 언덕에 가면 차탕족 마켓에서 그들을 만날 수 있다고 해서 마켓을 찾아갔다. 차탕족 마켓이 언제 열리는지 정보도 없었지만 헛걸음을 하더라도 드라이브하는 셈 치고 가보기로 했다. 차탕족 마켓은 큰 규모는 아니었다. 스무 개 남짓의 가판대가 있는 작고 조용한 시장이었다. 주변이 너무 고요해 사람이 많지 않은데도 꽤나 번화해 보였다. 다소 투박해 보이는 인형, 호숫가에서 서성이다 보면 주울 수 있을 것 같은 돌멩이, 어느 하나 눈에 띄거나 손이 가지는 않았지만 유목민들이 직접 만든(여기 아니면 살 수 없는) 물건을 판매하는 로컬 마켓이니 특유의 매력이 느껴졌다. 지갑을 꺼낼 일조차 없는 홉스골 여행에서 쇼핑 시간을 갖게 된 일행은 신이 났다. 그야말로 기념이라 물건의 필요성 따위는 중요하지 않았다. 이곳에 있는 제품 중 가장 특별한 것을 골라 보자는 마음으로 샅샅이 살펴보았다.

순록 뿔은 부피가 커서 아쉽게도 만져보는 것만으로 만족해야 했다. 늑대 이빨은 한참을 고민하다가 결국 구입하지는 않았지만 다시 기회가 생긴다면 구입하고 싶다. 말을 좋아하는 이는 손수 만든 말 인형을 구입했다. 상인에게 "말 인형에 눈이 있으면 좋겠어요!"라고 말하니 직접 그 자리에서 바로 달아주었다. 솜씨가 좋아서 완성할 때까지 모습을 지켜보았는데, 그날 상인 앞에 쭈그리고 앉아 구경할 때의 따끈한 태양과 서늘한 공기가 지금도 그립다. 멋쟁이 자화는 나무를 깎아 만든 사슴 모양 액세서리와 순록 인형과 빗을 구입했다. 차탕족 마켓의 시그니처라 할 수 있는 순록 체험을 하는 곳도 있었다. 시장에서 빠질 수 없는 먹거리도 있었는데 몽골인들의 인기 간식 호쇼르(튀김만두)를 판매했다. 배가 출출해서 지갑을 열려고 하는데 자화가 다가와 말했다.

"우리 점심 도시락이 호쇼르예요."

홉스골 호수 바로 앞에 앉아 커피를 내리고 호쇼르를 함께 먹었다. 차가운 기온이 햇살의 따뜻함에 중화되어 더없이 쾌적했다. 조용한 바람에 잔잔하게 일렁이는 잔물결 소리가 부드럽게 달팽이관을 두드렸다. 행복한 순간이었다.

홉스골 겨울 여행

○

평범한 일상을 살아가던 나는 흔히 마주칠 수 없는 특별한 길을 몽골에서 발견했다. 영하 50도 홉스골의 겨울왕국으로 난 길이다. 나이 들어 손자·손녀에게도 자랑할 수 있는 모험담을 만들기 위해 길을 나선 빌 브라이슨처럼 아무나 경험할 수 없는 여행을 떠난 것이다.

2월 어느 날, 오후 4시 15분 칭기즈칸 공항에 도착했다. 비행기에서 내려 가장 먼저 느껴지는 감각은 현지의 기온이다. 스마트폰으로 현지 날씨를 확인하니 영하 37도. 검정색 러시아 털모자를 쓴 승무원이 쩍 하는 소리와 함께 비행기 문을 열었다. 순간 냉동 창고의 한기가 비행기 안으로 들어왔다. 공항 밖으로 나가기 전에 가방을 열어 방한 준비를 마쳤다. 늘 공항 앞에서 몽골 원정대와 같이 기념사진을 찍지만 날씨가 추워 서둘러 차로 행했다.

겨울 울란바토르를 설명하는 수식어들이 있다. 세계에서 가장 추운 도시, 가장 공기가 나쁜 도시다. 알려져 있는 것처럼 울란바토르는 겨울이면 춥고 석탄으로 인한 대기오염이 심각하다. 산으로 둘러싸인 분

지라 공기의 순환이 어려운 탓에 매캐한 연기가 도시에 가득하다.

다음 날 작은 경비행기를 타고 한 시간 반을 날아 무릉에 도착했다. 공항에서는 사륜구동 SUV 2대와 푸르공 한 대가 우리를 기다리고 있었다. 푸르공 드라이버 앨카 씨는 경륜이 높다. 오래전 미국의 풍경 사진가 앤셀 아담스가 홉스골의 러시아 국경 지역으로 출사 왔을 때 그가 안내를 했다는 이야기도 얼핏 들었다.

그해 겨울 여행의 목적은 세 가지였다. 하나는 순록을 따라 유목하는 소수민족 차탕족을 만나는 것이다. 몽골에서 겨울에 가장 추운 홉스골 아이막에 있는 20개의 솜 중 가장 추운 솜 세 곳에 순록을 따라 유목하는 차탕족이 있다. 그들은 2월 중순이 지나면 서북쪽으로 이동한다. 차탕족의 주소를 갖고 있는 것도 아니고 그들이 우리를 기다려주는 것도 아니니 차탕족을 만날 수 있을지 없을지 알 수 없었지만 여행의 첫 버킷리스트에 담았다. 두 번째는 영하 50도가 넘는 겨울에도 얼지 않는 강을 만나는 것이다. 마지막은 바다라고 부르는 꽁꽁 얼어붙은 홉스골 호수의 풍경을 만나는 것이었다.

무릉에서 출발한 지 한 시간 만에 차 한 대가 고장났다. 고쳐 보려 했지만 결국 실패했다. 새로운 차가 무릉에서 도착하기까지 세 시간 동안 영하 30도의 추위 속에서 조난당한 것이지만, 우리는 눈밭에서 눈싸움을 하거나 사진을 찍으며 꽤나 즐거운 시간을 보냈다. 서서히 추위가 느껴질 즈음 자화가 보드카를 들고 한 명 한 명에게 따라주며 말했다.

"이렇게 추운 날씨에는 보드카를 마셔도 쉽게 취하지 않고 오히려 몸이 따뜻해집니다."

길에서 시간을 보낸 우리는 해가 지고 나서야 울랑울 솜에 도착했다. 날씨는 추웠지만 나무집은 따뜻했고 우리는 행복했다. 오는 도중에 만난 노을 덕분이었다. 눈 덮인 하얀 지평선도 아름다웠지만 분홍빛으로 물든 저녁 노을은 말로 표현할 수 없을 정도로 예뻤다. 몽골은 여름이 아름답다지만 그 순간만은 주저 없이 겨울 지평선에 손을 들어줄 정도였다. 풍경만으로도 가슴이 벅차오르는 순간이었다. 우리는 차를 세우고 잠시 하얀 능선 아래로 떨어지는 해를 바라보았다. 여행 시작부터 예기치 않게 삐걱거렸지만 우리는 이미 더 바랄 게 없을 만큼 행복했고 얼큰하게 취했다.

그 후로 북쪽 깊숙이 들어갈수록 대지에 쌓인 눈 깊이가 깊어졌다. 둘째 날부터는 차에서 내리면 신발이 눈 속에 파묻혀 보이지 않았다. 엘카 씨는 이름 없는 언덕 위에 차를 세웠다. 왜 이런 아름다운 풍경에 이름이 없을까? 하얀 세상 까마득한 언덕 아래는 숲이 보이는데 흰 눈이 쌓이고 안개가 덮여 더욱 신비롭게 느껴졌다.

엘카 씨는 늑대 사냥꾼이었다. 그는 숲을 가리키며 자신이 늑대 사냥을 하는 곳이라고 했다. 사진도 보여주었다. 그러고는 푸르공 뒤에서 썰매를 꺼냈다. 끝을 가늠할 수 없는 언덕 아래까지 눈이 쌓여 있어서 썰매 타기 좋았다. 경사도 고비사막 만큼이나 가팔랐다. 홉스골 안쪽의 차강호수는 꽁꽁 얼어 있었다. 호수 위를 차로 달렸다. 몽골에 이만큼 잘 닦인 도로는 없다고 생각될 정도로 부드럽게 미끄러졌다.

차강노르 솜에 도착한 우리는 국경수비대를 만났다. 군 시설로 들어가 국경수비대장을 만나 그가 직접 써준 통행허가증을 받았다. '한국에서 온 이 사람들은 이 지역의 차탕족을 만나기 위해 여행 하는 것이니 양해 바랍니다.' 국경수비대장은 35년간 그곳에 근무하면서 한국인을 처음 본다고 말했다. 우리는 기념사진도 찍었다. 하지만 이미 해는 기울고 있었다. 차탕족이 사는 타이가 마을은 비포장으로 30~40km를 더 가야 하는데 도착할 즈음이면 해가 질 거고 전날과 마찬가지로 밤늦게 숙소에 도착하게 될 상황이었다.

자화는 차탕족을 만날 수 있을지 없을지 확신할 수 없다며 포기하고 잠잘 곳을 찾는 것이 어떻겠냐고 물었다. 안전이 우선이니 나도 동의했다. 하지만 원정대들은 차탕족을 만나지 못하더라도 가고 싶다고 했다. 그날, 몽골 원정대 모두의 결정이 아니었으면 차탕족과 200마리가 넘는 순록을 만나지 못했을 것이다. 차탕족과의 짧은 만남은 지금까지의 어떤 만남보다 강렬했다.

덴칭룸 솜에 밤늦게 도착했다. 숙박 전용 시설이 없는 곳이라 작은 마을에 있는 의사 집에 찾아가 방을 빌렸다. 그날 밤 나는 별을 담기 위해 밖으로 나가 20분을 서 있다가 들어왔는데 금세 온몸이 설인이 되어 버렸다. 내쉰 숨이 얼굴을 하얗게 만들고 손은 얼어붙어서 감각이 없었다. 문만 열면 따뜻한 난로가 있으니 1분, 다시 1분을 버티며 별을 보았던 기억이 생생하다.

다음 날은 기온이 많이 떨어져 있었다. 일본산 사륜구동차의 온도계에는 -50이라고 표시되어 있었는데, 그 차는 최대 -50까지만 측정된다고 했다. 날씨를 물어보고 온 자화가 웃으며 말했다.

"-57도래요."

우리는 그 새벽에 얼지 않는 자르간트강으로 갔다. 강에 도착하기 전부터 온 세상이 하얀 안개로 덮여 있었다. 다섯 걸음 걸어가면 사람이 안 보일 정도로 짙은 안개였다. 제주도의 1.5배 크기만 한 호수까지 꽁꽁 얼어붙는 날씨에도 작은 개울은 얼지 않았다. 이유는 미국의 옐로스톤 같은 간헐천이기 때문. 온 사방은 눈으로 덮인 겨울왕국인데 뜨거운 물은 추위를 무릅쓰고 유유히 흘렀다. 물 안에 이끼와 풀은 녹색이었다. 그런데 신기한 풍경을 가까이에서 보려고 다가간 선호가 그만 강에 빠졌다. 그의 무게를 이기지 못하고 눈이 무너져 내린 것이다. 깜짝 놀란 선호는 바둥거리며 물에서 나오지 못했고 드라이버가 뛰어들어가 간신히 선호를 꺼내 차 안으로 피신시켰다. 차 안으로 걸어가던 그 짧은 순간에 젖은 옷이 딱딱하게 얼어 붙었다. 신발까지 얼어붙은 선호는 차 안에서 나오지 못하는 신세가 되었다.

수증기가 올라와 주변 나무에 상고대를 만들었다. 그 풍경은 내가 본 가장 아름다운 겨울 숲의 모습이었다. 내가 가진 모든 옷을 입고 핫팩을 터트려도 다닥다닥 이빨이 떨릴 만큼 추웠는데 그 아름다움을 다시 한번 담고 싶어서 숲으로 몇 번이나 들락날락했는지 모른다.

우리는 국경수비대가 있던 차강노르 솜에서 점심을 먹고 홉스골 호수를 향해 출발했다. 오후 내내 지글테그 다와(언덕)를 힘들게 넘어 홉스골호수를 만났다. 낮에 얕은 강의 얼음이 녹아 위험할 뻔했다. 경험이 많고 지리에 능한 엘카 씨 덕분에 무사히 도착할 수 있었지만 2월 중순이 지나면 홉스골호수도 녹을 수 있어서 위험하다고 했다.

홉스골에 세 번 왔지만 꽁꽁 얼어붙은 모습은 처음이었다. 그러나 그 순간 알게 되었다. 홉스골 여행은 겨울에 해야 한다는 사실을. 얼어붙은 호수 위에서 차를 타고 달렸다. 여름에는 보트로만 갈 수 있는 섬을 차로 간 것이다. 썰매도 타고 신나게 호수를 즐겼다.
엄마가 좋아 아빠가 좋아, 짜장이야 짬뽕이야 같은 애매함은 없다. 홉스골 여행은 무조건 겨울이다.

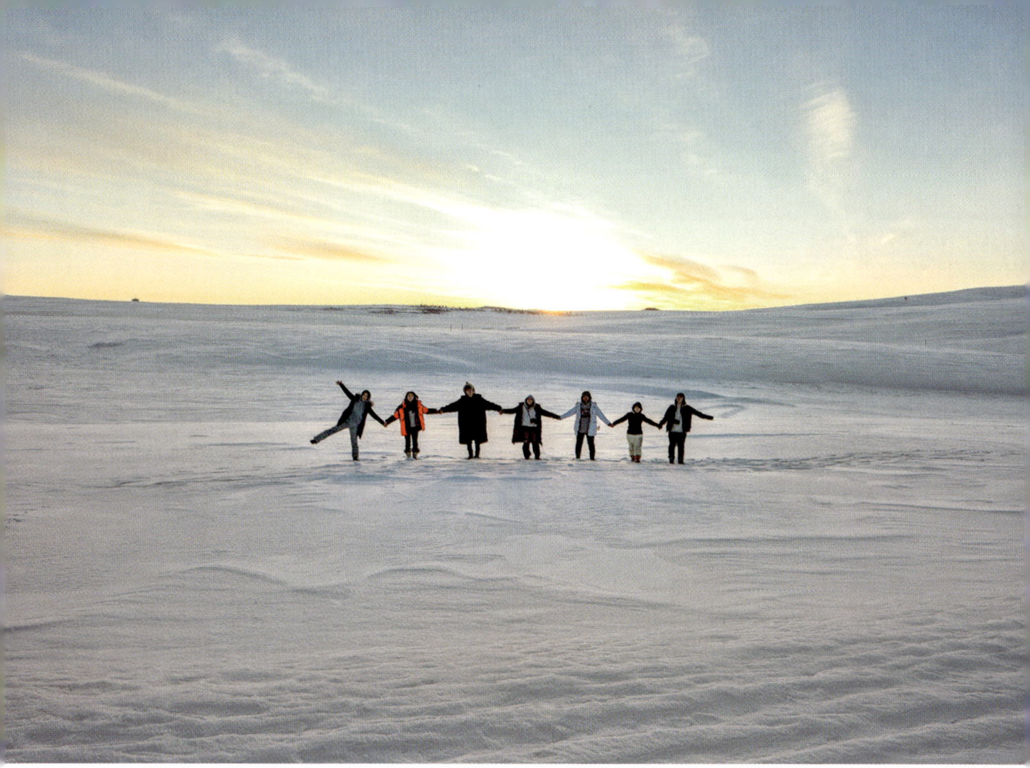
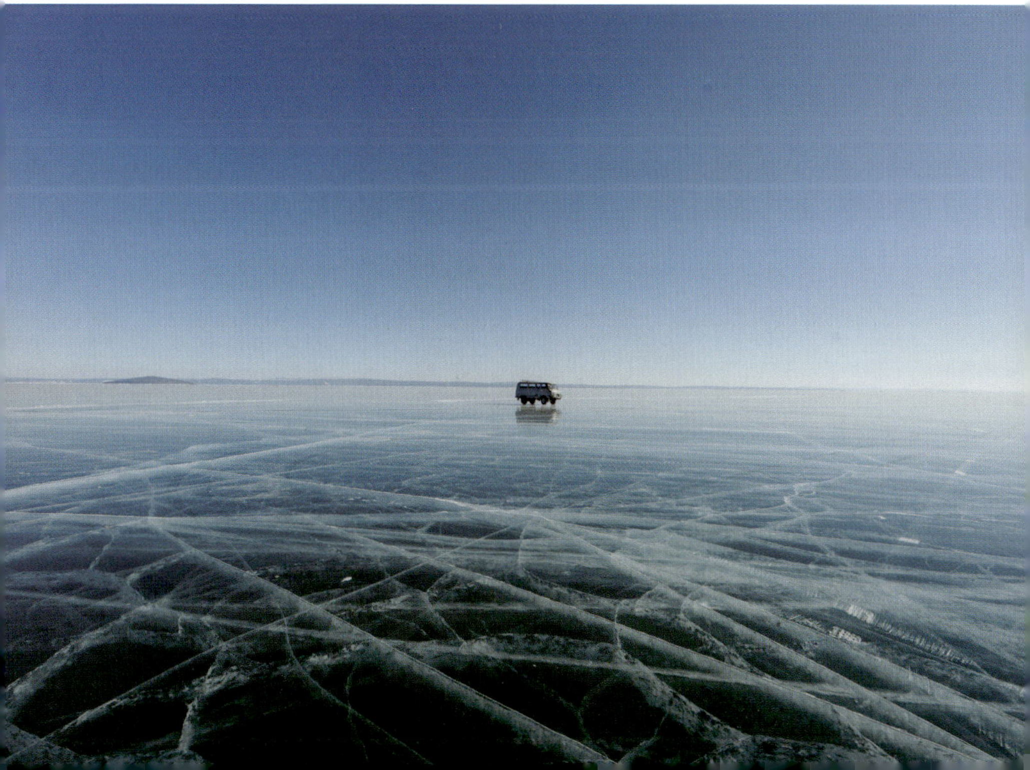

7장 · 특별한 몽골 여행, 홉스골과 고비

고비로 떠나는 날 아침

○

그날 아침 호텔 앞에는 건장한 몽골 남자 둘과 덩치 큰 사륜구동 SUV 자동차가 트렁크 문을 활짝 열고 우리를 기다리고 있었다. 빌게와 체체, 두 몽골 친구는 우리가 들고 온 9박 10일의 여행 가방과 캠핑 장비에 흠칫 놀란 표정이었다. 트렁크는 이미 꽉 차 있었다. 그들은 얼기설기 쌓아 놓은 짐을 모두 밖으로 꺼내 다시 견고하게 테트리스 쌓기를 시작했다.

이번 고비 여행의 일등 항해사 '체체'는 건장한 몽골 씨름선수 체형을 가진 IT 전공의 대학교수였다. 힘과 스마트함을 겸비한 그야말로 믿음직한 몽골 남자였다. 무지막지한 힘과 덩치에 어울리지 않는 꼼꼼함으로 5일치 물과 음식, 텐트며 여행가방을 모두 트렁크에 구겨 넣었다. 운전 보조석에는 몽골 오지 여행 경험이 많은 빌게가 여행의 나침반 역할을 했다. 차 뒷자리에는 자화, 선호와 함께 남자 셋이 레고를 조립하듯 어깨와 무릎을 딱 붙인 채 앉았다. 자화, 빌게, 체체 몽골 남자 세 명과 나와 선호까지 한국 남자 2명이 4박 5일 동안 무모한 고비 여행을 함께했던 멤버다. 우리는 여행사 관계자도 아니었고 오지 탐험 전문가도 아니었다.

고비의 모습은 떠나기 전 상상했던 것과 많은 차이가 있었다. 거친 황무지의 비포장도로를 달리는 모습을 상상했는데, 현실의 우리는 소실점을 가진 반듯한 고속도로를 빠른 속도로 달리고 있었다. 마치 지평선과 도로, 누가 더 곧은지 경쟁이라도 하듯 일직선의 단조로운 풍경이 이어졌다. 고비는 풀 한 포기 없는 황량한 사막일 거라 생각했는데 의외로 초록이 선명했다. 우리는 가끔 차를 세우고 지평선을 향해 나란히 서서 자연을 만나고(?), 우리가 전세 낸 것 같은 고속도로 위를 어슬렁거렸다. 드러누워 낮잠을 한숨 자도 아무 일 없을 것처럼 정지된 액자 속 그림 같은 풍경이었다.

다시 차에 올라탄 뒷좌석의 멤버 셋은 차례대로 서로의 무릎과 어깨를 조립했다. 커다란 도요타의 랜드크루저지만 뒷자리에 건장한 남자 셋이 앉기에는 비좁아서 금세 다리가 저려왔다. 승차감이 편한 대신 다닥다닥 붙어서 가야 하는 여행. 가족이나 친한 친구라면 괜찮을지 몰라도 낯선 사람들과 이 같은 자세로 함께 긴 시간 이동한다면 불편할 수밖에 없다. 좁은 짐칸까지 생각하면 역시 몽골의 초원 여행은 푸르공이 가장 좋은 대안이다.

거짓말처럼 출발한 지 두세 시간밖에 지나지 않아서 '만달고비(중고비 아이막 중심)'에 도착했다. 지도로 봐도 울란바토르와 사막이 있는 남고비 중간 정도에 해당하는 위치인데, 너무 쉽고 빠르게 도착했다. 당시만 해도 아이막 사이에 고속도로가 하나둘 완공되던 시기여서 이전까지와는 차원이 다른 속도로 고비 여행을 하게 되었지만 덕분에 특별함은 사라져 버렸다. '허무하다'라는 건 분명 이런 감정일 거다. 쉬운 여행은 쉽게 사라져 버리고 만다. 우리나라의 모든 지역이 도로로 연결된 것처럼 언젠가 차강소브라가, 고비사막 앞까지 고속도로가 생기게 될지 모를 일이다. 그러면 모든 고비 여행자의 경험은 마치 공산품처럼 같은 길을 지나고 경험도 같은 모양으로 생산될 것이다. 각오를 단단히 하고 시작한 여행이라 그런지 예상치 못한 순조로움에 공허함마저 느꼈다.

하지만 허탈보다는 허기가 더 큰 문제였으므로 복잡한 감정은 잠시 뒤로 미루고 우선 식당부터 찾기로 했다. 식당으로 향하던 중 체체는 주유소 간판을 발견하자 동료들의 의견을 묻지도 않고 주유소로 들어가 연료를 채웠다. 이유를 묻자 고비에서는 주유소가 보이면 연료가 충분해도 주유를 해야 한다는 것이다. 초원에서 길을 잃으면 몇 시간 헤매도 사람을 못 만나는 경우가 있어서 위험하기 때문이었다. 그렇다. 우리는 이제 겨우 만달고비의 문턱에 도착했을 뿐, 진정한 고비 여행은 아직 갈 길이 멀었다.

'만달고비'는 돈드고비(중고비) 아이막의 도심으로, 우리가 흔히 고비라고 말하는 (사막이 있는) '우문고비(남고비)'로 향하는 길 중간에 위치해 있다. 여행자들이 차의 연료를 채우고, 밥을 먹고, 휴식을 취하는 고비 여행의 통과지다. 우리도 다른 여행자와 다름없이 기름을 채운 후 허기를 달래기 위해 식당을 찾았다. 식당을 찾는 것은 어렵지 않았다. 우리 여행의 첫 식당은 '몽유럽식' 식당이다. 몽유럽식이란, 몽골+유럽(주로 러시아식)류의 음식으로 몽골 음식은 주로 고기, 밀가루, 감자 중심인데 그 외 샐러드는 러시아 음식 문화의 영향을 받았다고 한다.

맥주와 함께 초이왕을 주문했다. 초이왕은 고기와 약간의 야채를 칼국수와 함께 볶아 만든 몽골의 대표적인 음식이다. 그들은 '츄브왕'에 가깝게 발음하는데 한국에서 검색해 보니 '초이왕'이라고 표기되어 있다. 한국인이 몽골에서 가장 쉽게 시도해 볼 수 있는 음식이 호쇼르(튀김만두)와 초이왕이다(고추장을 섞어 먹어도 좋다). 입이 짧은 편이라 몽골에서 무엇을 먹어야 할지 고민하는 사람에게 이 두 음식을 추천한다. 하지만 초이왕은 양이 많아서 항상 남기게 된다. 그러면 몽골 남자들은 다음 날 남은 초이왕을 수태차에 말아먹는다고 한다.

식사 후 빌게가 여행 경로를 설명해 주었다. 돌이켜보면 고비 여행으로 턱없이 부족한 4박 5일이었지만 빌게 덕분에 우리는 알차게 일정을 채울 수 있었다. 거친 고비 원정을 목전에 둔 우리는 초이왕 한 접시를 비우고 남은 맥주를 들이켰다.

식당 문을 나서며 출발선 앞에 선 선수의 마음으로 이어질 여정을 상상한다. 갈증과 허기진 배로 이 음식점에 들어왔을 때 테이블 위에 놓인 낯선 초이왕과 맥주를 바라보며 포크와 컵을 들었을 때의 딱 그 마음이다.

자! 그렇다면 고비는 과연 어떤 맛일까?

고비에서 우물을 만나면

○

고비의 첫 목적지는 이흐가즈링 촐로Ikh gazariin chuluu라는 돌로 이루어진 산이다. 중고비 아이막의 중심, 만달고비에서 서남쪽 방향으로 80km 떨어진 곳으로 우리가 정한 첫 행선지다. 80km라고는 하지만 도로도 이정표도 없는 초원에서 쉽게 길을 찾는 것은 불가능했다. 사방을 둘러보아도 방향을 가늠할 수 있는 표식이 없고 평평한 지평선이 비슷한 높낮이로 펼쳐져 있을 뿐이다. 풀이 듬성듬성해지면서 초원이 붉은 모래 빛으로 변해갔다. 가축들도 점점 보이지 않고 유목민의 게르조차 눈에 띄지 않는다. 풀이 적어지니 앞서 지나간 자동차의 흔적도 희미하다. 거친 비포장길을 달린다. 멀리서 보면 정해진 방향을 향해 일직선으로 달리는 것 같겠지만 울퉁불퉁한 지형을 안전하게 달리기 위해서 쉴 틈 없이 핸들을 좌우로 돌리고 있었다. '이런 곳에서 길을 잃으면 큰일 나겠구나' 고비에 들어가기 전에는 반드시 기름을 가득 채우고 가야 한다던 말을 공감할 수 있게 되었다. 하지만 든든한 멤버들이 있어 안심할 수 있었다. 요컨대 우리가 탄 SUV 차량의

네모난 창밖은 죽음의 땅이라 불리는 고비라기보다는 TV 화면 속 '세계를 간다 고비 편'으로 여겨질 만큼 마음이 평온했다.

끝없이 이어진 지평선이 세상을 하늘과 땅 두 개의 면으로 나누고 일상에서 만나기 어려운 단조로운 조형미를 담아 아득하게 펼쳐졌다. 하지만 이 아름다움은 왠지 쓸쓸하다. 고비에 있으면 '외로움' 혹은 '고독' 같은 형체 없는 단어가 늘 곁에서 숨 쉬는 느낌이 든다. 살아있는 것이라고는 아무것도 없을 것 같은 황무지, 그곳에서 발견한 모든 것은 피사체가 될 자격이 있다. 하다못해 나무 한 그루만 봐도 쉽게 시선을 뗄 수 없다. 그래서 고비에서 사람을 만나면 누구든 반갑지 않을 수 없다. 그것은 아득한 우주를 표류하다 만난 지구인이라 표현하는 것이 더 적합하다.

중고비 아이막 중심에서 벗어나 여행을 시작한 지 한 시간 반이 지났다. 시간상으로 봐도 더 가야 하고 특별히 길을 잃은 것은 아니지만, 가도 가도 특징 없이 이어지는 지평선은 가야 할 방향에 대한 의구심과 불안감을 갖게 한다. 정해진 길이 있고 내비게이션이 있는 환경에서는 겪을 수 없는 희귀한 경험이다. 결국 멀리서 발견한 유목민을 쫓아가 우리가 가는 길이 맞는지 물어보았다. 자화는 깊은 초원에서 만난 유목민에게 길을 물을 때는 유목민의 손끝을 잘 봐야 한다고 했다. 그곳의 유목민은 시계를 안 보기 때문에 거리를 시간으로 알려주지 않는다고 한다. 그저 가리키는 손끝이 땅 아래를 향하면 금방 닿을 수 있는 거리, 지평선을 가리키면 오늘 안에 갈 수 있는 거리. 만약 손끝이 하늘을 향하면 오늘 갈 수 없는 먼 거리라고 했다.

무언가를 발견하고 차를 멈춰 세웠다. '호따그'는 지하수라는 뜻이다. 고비에는 초원의 중간중간 이렇게 사람들이 만든 지하수가 있는데 척박한 환경 속에 생활하는 유목민이나 가축들의 식수를 해결하기 위한 시설이다. 고비에서 이동 중에 우연히 호따그를 만나면 모른 척 지나치면 안 된다. 주변 가축을 위해 반드시 지하수를 길어 물통을 채우고 가야 한다. 이것은 길을 떠나는 이가 여행의 안전을 바라며 어워를 도는 것과 마찬가지로, 유목민이건 여행자건 모두 지켜야 하는 초원의 관습이라고 한다. 유목민이 떠나고 우리도 호따그 체험을 해보았다. 우리나라의 우물처럼 끈이 달린 바가지를 구멍 아래로 떨구고, 물을 길어 옆에 놓인 엉거츠(물통)를 채운다. 자신의 가축이 아니라도 척박한 땅에서는 모두 함께 살아가야 한다는 의미가 따뜻하게 느껴졌다. 물을 길어보니 지하수의 깊이가 생각보다 훨씬 깊다. 우리도 어느새 고비의 깊숙한 곳까지 들어와 있다는 생각이 들었다.

오랜 시간 체체의 운전에 몸을 맡기고 있으니 차의 묵직하고 부드러운 흔들림이 어딘가 체체를 닮았다는 생각이 들었다. 이후, 우리는 이흐 가즈링 촐로를 지평선 위에 얹어 놓았다. 멀리서 보고만 있어도 흐뭇한 풍경이 아닐 수 없었다. 포장도 안 된 80km의 초원을 두시간 반 만에 달려왔으니, 이 정도면 꽤 빨리 왔다고 할 수 있다. 우리는 두근거리는 마음으로 고비의 첫 목적지를 향해 달려간다. 이흐가즈링 촐로로!

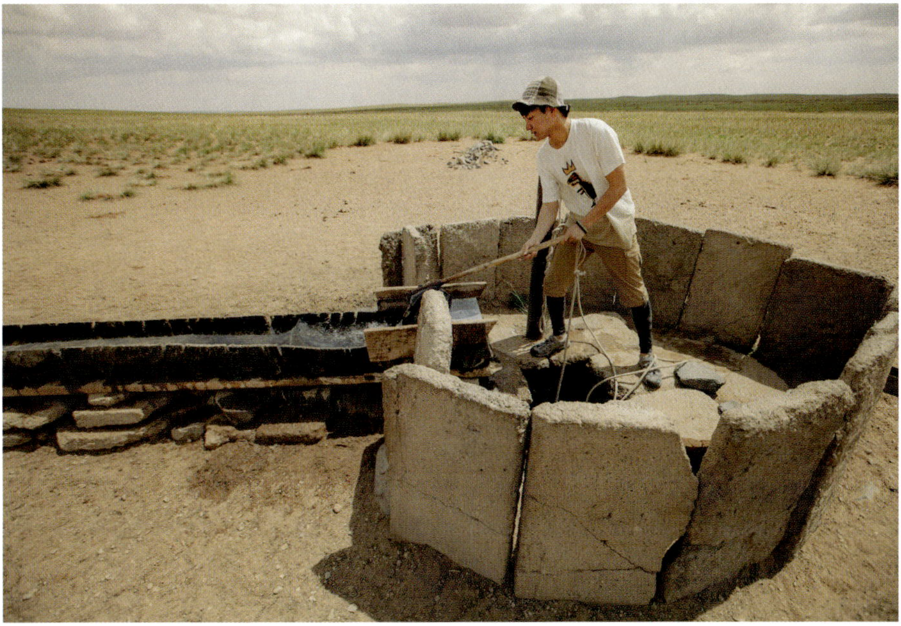

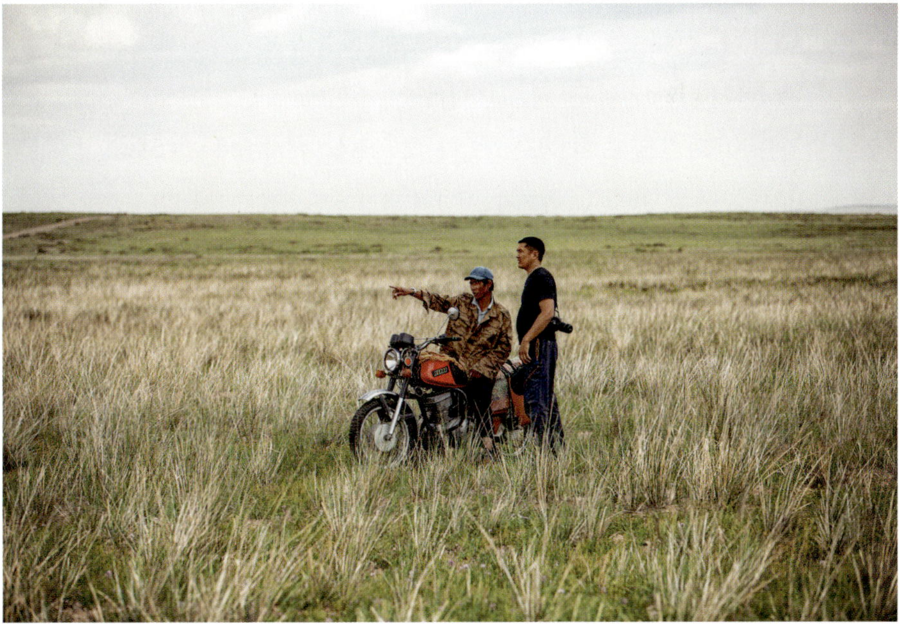

〈드래곤 볼〉의 풍경,
이흐가즈링 촐로!

○

이흐가즈링 촐로Ikh gazriin chuluu는 화강암으로 이루어진 바위산으로 돌이 반경 30km에 흩어져 있다. 우리나라 관광객이 많이 가는 곳은 바가가즈링 촐로baga gazriin choluu로 '바가'는 '작다', '이흐'는 '크다'는 뜻이다. 바가가즈링 촐로에 둥글둥글한 바위들이 덩어리져 있다면 이흐가즈링 촐로에는 하늘 높이 솟은 바위 더미들이 많다. 그렇다면 패키지 여행은 대부분 왜 바가가즈링 촐로로 갈까? 이유는 간단하다. 접근이 쉽기 때문이다. 이흐가즈링 촐로는 비포장도로를 두세 시간 남짓 달려야 한다. 왕복하자면 반나절이 지나버리기 때문이다.

'와!~' 나도 모르게 소리치고 말았다. 데커레이션 하지 않은 생크림 케이크 같이 반듯한 지평선을 수 시간째 달리다가 먼발치에서 만난 풍경은 새로운 세계와의 경계처럼 느껴졌다. 마치 먼 바다 위에서 만난 해일처럼 지평선을 가로막은 바위들의 압도적인 풍경은 페널티킥의 수비벽처럼 견고하고 위압적인 느낌마저 들게 했다. 그 경계로 다가가던 우리는 페널티 라인 근처에서 차를 멈춰 세웠다. 체체가 트렁크에서 무언가를 찾는 동안 고비에서 만나기 힘든 바위산의 생경함을 기록했다.

체체는 차에서 꺼낸 칭기스 보드카를 컵에 붓고 차 앞으로 몇 걸음 걸어나가 멀리 돌산을 향해 뿌렸다. 이때다 싶었던 바람이 날아와 먼저 목을 축인다. 자화는 여행의 안녕을 기원하는 초원의 관습이라 설명했다. 말없이 지켜보는 돌산에게 허락을 구하는 의식처럼 느껴졌다. 우리도 제사를 지낼 때 무덤 앞에 술을 뿌리곤 하지만 웅장한 풍경 덕분인지 더 근사해 보였다. 그다음 차례대로 술을 한 잔씩 들이켰다.

잠깐 시간을 보낸 우리는 곧 대자연의 풍경 속으로 들어갔다. 제각각 모양이 다른 크고 작은 거대한 돌무더기들이 반반한 지면 위 여기저기에 흩어져 있었다. 만화 〈드래곤 볼〉의 작가 토리야마 아키라가 이곳을 참고해서 그림을 그린 것 아닐까 싶기도 하고, 영화 〈인디아나 존스〉나 〈스타워즈〉 촬영 세트장 한가운데 서 있는 기분도 들었다. 모험심을 부추기는 자연환경이지만 막상 무엇을 해야 할지 몰라서 고개만 두리번거렸다.

거대한 체스판 위를 걷는 소인국 사람처럼 큰 바위 하나를 돌아서니 그 뒤로 돌무리들이 끝없이 이어져 있다. 작은 보폭으로 아무리 걸어봐야 의미 없을 것 같은 아득함. 800km²에 흩어진 돌산들 가운데 자연적으로 소리가 잘 전달되는 야외음악당이 있었다. 이곳에서 매년 음악 공연이 열린다고 한다. 음악회를 열기에 딱 좋은 곳이겠다는 생각에 무릎을 쳤다. 조금 전까지 무엇을 할지 몰랐던 나였기에 선호에게 조금 높은 곳에 올라 소리를 질러보자는 제안을 했다.

"저 위에서요?"

"이왕이면 멋진 벼랑 위에 올라가서 해보는 건 어떨까?"

모험심을 자극하는 협곡에 이끌려(?) 바위 위를 오르던 선호가 소리쳤다. 마치 볼륨을 낮춘 것처럼 소리가 조금 전의 반으로 줄어들었다. 그리고 이어서 상기된 목소리가 들려왔다.

"여기 풍경이 너무 멋져요!"

우연히 발견했지만 너무나 멋진 풍경이다. 예상치 못한 장소에서 한참을 서 있었다. 가만히 있어도 기분 좋은, 눈높이로만 감상했다면 발견하지 못했을 풍경이다.

다음을 상상할 수 없는 여행이 더 좋아졌다. 셔터를 눌렀다. 존재만으로도 아름다운 풍경임에 틀림없지만 복사하듯 카메라에 담는 행위가 내게 어떤 의미를 부여할 수 있을까? 구글 이미지에 'ikh gazriin chuluu'라고 검색해 보면 많은 사진이 검색된다. 이미지 과잉의 시대, 굳이 풍경을 찍어 올리는 것은 사진 하나를 더 추가하는 것 외에 의미를 찾기 어려운 세상이다. 그래서 우리는 이 특별한 곳에서 그날의 우리를 담았다.

"곧, 다시 만나."

시간이 여유롭다면 조금 더 많은 시간을 보내고 싶은 곳이었지만 4박 5일의 짧은 시간으로 그 바람을 어루만지기에 고비는 넓고 멀었다. 고비를 여행하는 이들은 차강소브라가, 홍고링엘스, 욜링암, 바얀작, 바가가즈링 촐로가 마치 고비 여행인 것처럼 말하지만 나는 족보에 없는 이곳의 매력에 푹 빠졌다. 아쉬움을 남기고 떠나는 우리에게 소중한 경험이 하나 업데이트되었다. 고비의 초원에 들어선 지 반나절 만이다. 잠시 머물다 떠나는 것이 아쉬웠지만 이 감정이 언젠가 나를 다시 이곳에 데려다주지 않을까? 만약 다시 찾는다면 그때는 이 자리에서 일몰과 일출, 그 사이의 긴 밤을 보내리라.

대지 위의 첫 밤,
차강소브라가

○

다시 고비의 시계가 움직인다. 고비 여행의 두 번째 행선지이자 첫 숙영지인 차강소브라가로 향했다. 4박 5일, 왕복 2000km의 고비 여행에서 그날의 목적지는 곧 그날의 야영지를 의미했다. 계획했던 장소에 도착한 날도 있었지만 도중에 해가 지면 예정에 없던 초원 위에 캠프를 마련했다. 빡빡한 일정으로 인해 우리는 대부분의 시간을 차 안에서 보냈는데 차를 멈추는 경우는 첫 번째 소변을 볼 때, 두 번째 사진 촬영을 위해, 세 번째는 사람과 동물, 우물 같은 무엇을 발견하거나 만났을 때 같은 이유 때문이다. 마지막은 드라이버 체체가 가끔씩 길의 방향을 읽거나 땅의 상태를 살필 때.

질퍽한 땅의 가장자리를 발견한 체체는 흙의 상태를 확인하기 위해 짧은 여행을 떠났다. 우기에 속하는 몽골의 여름에는 고비에도 비가 내려서 단단하던 땅이 금세 점토질의 수렁으로 변하고 자칫하면 발이 묶일 수 있다. 그런 이유로 차가 멈춰서면 일행들은 차에서 내려 스트레칭을 하거나 사진을 찍고, 소변을 보고, 담배를 피운다. 얼마나 지났을까? 체체는 수백 미터 앞까지의 길을 확인한 뒤 돌아왔다. 질퍽한 땅의 범위가 넓거나 심할 경우 멀리 돌아가겠지만 우선 100여 미터 앞까지 차만 먼저 보내기로 했다. 걸어서 물렁한 초원을 건넌다. 신발은 엉망이 됐지만 밤이 아니니 얼마나 다행인가. 인적 없는 곳에 차가 빠져 움직이지도 못하는 상황보다는 낫다. 땅의 상황이 좋아지면 다시 시원하게 달린다. 때때로 서울에서는 피곤하기만 한 운전대를 잡아보고 싶다는 충동이 들었다.

다시 중고비 아이막으로 돌아왔다. 이제 다음 목적지까지 남은 거리는? 사실 다음 목적지까지의 거리도 시간도 궁금하지 않았다. 이름도 몰랐다. 언제부터였는지 흐르는 개울에 몸을 맡긴 채 떠내려가는 낙엽처럼 세 명의 몽골 친구들에게 의지해 여행의 순간이며 과정을 즐기고 있었다. 가끔 도로를 만나면 차를 세운다. 고비에서는 도로를 만나는 것조차 흔한 일이 아니다. 길이 지평선을 향해 쭉 뻗은 모습이 인상적이다. 세상이 온통 점·선·면이다. 긴 그림자를 땅 위로 뽑아내며 차에서 내렸다. 차강소브라가 이정표를 만났지만 표식만 덩그러니 있을 뿐 사방이 지평선이다. 단조로운 풍경 때문인지 늘 출발한 곳에 다시 내린 것 같은 착각이 들었다. 시간은 저녁 아홉 시가 넘었는데 하늘은 해의 위치가 조금 바뀌었을 뿐 여전히 환하다. 지평선을 향해 아무리 달려도 여전히 세상의 반은 하늘이고 나머지 반은 땅이다. 걸음을 멈추면 무음 처리된 영화나 음악의 여백처럼 고요함이 온몸을 감싼다. 지평선을 향해 던진 소리는 고양이를 만난 쥐처럼 황급히 달팽

이관 속으로 들어온다.

다시 길을 떠난다. 자를 대고 그은 듯 반듯한 직선 아래, 방향을 가늠할 무엇 하나 없다. 조금 전 목적지가 얼마 남지 않았음을 알리는 표지판을 만났지만 눈에 보이지 않으니 마음이 편할 리 없다. 신대륙을 찾는 콜럼버스처럼 애타는 마음으로 좌우를 살피며 나아갔다. 날은 저무는데 지평선은 빈 종이를 뱉어내는 잉크젯 프린터처럼 우리가 찾는 것을 내어주지 않고 계속해서 빈 초원만 출력했다. 이대로 어둠이 먼저 찾아올 것인가 아니면 우리가 목적지에 먼저 도착할 것인가. 지평선 너머 빛의 흔적이 은은한 푸른 조명처럼 남아 땅을 비추어 주었다.
때마침 반가운 이정표를 다시 만났다. 그런데 팻말이 나무 기둥 아래 떨어져 있다. 빌게는 차에서 내려 화살표를 주워 다시 걸었다. 왼쪽 방향으로 걸어도 맞고 오른쪽으로 걸어도 딱 맞았다. 한참을 고민하다 그냥 우리가 가려던 방향으로 화살표를 걸어놓은 채 다시 출발했다.
'부디 우리가 선택한 쪽이 맞는 방향이기를…'

고비의 어둠은 하늘이 아니라 땅에서 올라온다. 아직 하늘은 빛을 머금은 야광처럼 어둡게 빛나지만 그늘에 잠긴 땅 위에서의 운전은 헤드라이트에 의존해야 했다.
"빌게, 이제 적당히 이 근처에서 야영하면 안 될까?"
빌게는 단호했다. 오늘은 우리의 캠핑지가 정해져 있고 거의 다 왔다고. 얼마 지나지 않아 우리는 차강소브라가에 도착했다. 하지만 이미 해는 졌고, 울퉁불퉁한 실루엣 외에는 아무것도 보이지 않았다. 어둠은 땅 위의 풍경을 모두 삼켜 버렸다. 우리는 서둘러 바닥 자리를 고르고 살피며 텐트를 쳤다.

7월 21일 한여름의 고비지만 날씨는 비교적 쌀쌀하고 바람도 불었다. 고비에 처음 펼치는 텐트, 기분이 묘하다. 텐트 설치를 마치고 한자리에 모였다. 울란바토르에서 꼬박 하루를 달려온 긴 여정. 우리가 만든 베이스캠프는 아웃도어 잡지에서 볼 수 있는 멋진 모습은 아니었다. 사내 다섯 명이 5인승 SUV를 타고 오다 보니 짐을 포기할 수밖에 없었다. 하지만 잔손이 가는 도구가 없으니 그만큼의 여유가 있어서 좋았다. 밋밋해 보여도 우리 여행은 단팥빵처럼 달달했다. 맛있는 빌게의 음식과 자화가 건네는 칭기즈 보드카도, 아직 여물지 않은 우리의 어색함도, 여행은 이제 시작이니 내일은 더 좋을 거라는 기대감도… . 까만 허공을 바라보며 빌게가 말했다.

"내일 해가 뜨면 너희들 깜짝 놀랄 거야."

늘 무뚝뚝한 표정인 그의 입가에 미소가 살짝 보였다. 사실 그 순간 나는 빌게가 한 말의 의미를 이해하지 못했다. 그저 가만히 올려다본 하늘에 거짓말처럼 펼쳐진 우주를 바라볼 뿐이었다. 우리는 정말 고비의 밤에 와 있는 것일까?

7장 · 특별한 몽골 여행, 홉스골과 고비

평평한 반원 위의 별

○

여행 둘째 날 욜링암에서 출발한 우리는 둥레기암의 거친 협곡을 통과했다. 차 한 대 지날 정도의 좁은 길은 높은 언덕으로 이어져 있었다. 경사가 꽤 가팔랐지만 우리는 지는 해의 희미한 흔적을 쫓아 똑바로 산을 올라갔다. 해는 거기에서 우리를 기다리고 있었다. 지금까지 나의 상식은 '산을 오르면 너머에는 내리막이 있다'였다. 하지만 산 위에서 만난 지평선은 그야말로 낯선 풍경이었다. 사방으로 곧은 지평선, 마치 평평한 지구 위에 올라선 느낌이었다.

해가 긴 여름 밤, 고비사막에 닿지 못한 우리는 시시각각 변해가는 하늘색에 홀려 차에서 내렸다. 먼 길을 떠나는 친구를 배웅하기 위해 공항에 도착한 사람들처럼 약속이나 한 듯 지평선 아래로 사라져가는 해를 먹먹한 마음으로 뚫어져라 바라보았다. 해가 지고 어둠이 세상을 품기 직전, 찰나의 아름다움에 가슴 터질 듯한 흥분을 느꼈다. 사방으로 어느 것 하나 가리는 것 없는 반원의 거대한 하늘. 정수리 뒤로부터 검푸른색 파도가 밀려와 지평선 아래로 떨어지는 노을의 붉은 기운을 빠른 속도로 밀어내고 있었다.

아름다운 것은 짧다!
성미 급한 별 무리들이 아직 노을이 사라지기 전 반대쪽 하늘부터 스며들더니 이내 하늘을 뒤덮었다. 낮과 밤의 짧은 만남은 끝나지만 아직 감동은 호주머니에서 꺼내지도 않은 참이었다. 그날 밤 나는 태어나 가장 많은 별과 은하수를 보았다. 하와이에서 본 것보다 많았다. 지금까지 초원을 여행하면서 내가 지구 안의 존재라는 사실을 깨달았던 참인데 그날 밤, 우주 안의 존재라고 고쳐 써야 했다.
해가 넘어간 시간은 밤 열 시가 되어서 였으니 우리는 서둘러 텐트를 치고 식사 준비를 해야 했다. 여행 첫날 만난 이흐가즈링 촐로. 둘째 날 차강소브라가, 욜링암까지 그야말로 고비 여행은 몽골 여행의 종합 선물 세트 같은 느낌이었다. 보드카에 취해, 여행에 취해 귀한 경험을 열어준 친구들에게 감사를 전하고자 하는 마음에 "몽골 최고의 풍경, 고비에 함께 있어서 행복하다."라는 말로 건배를 나누었다.
그런데 잠시 후 비운 잔을 내려놓은 자화는 자못 진지한 표정으로 "몽골에는 최고의 풍경을 가진 아이막이 세 개 있다."라고 말했다. 지금까지 들어보지 못한 이야기였다. 나름 다른 사람들보다 몽골에 관심이 있었고 책도 몇 권 사서 보았는데….
자화의 말에 따르면 몽골 최고의 풍경을 가진 세 개의 아이막에 우리가 아는 '고비'나 '홉스골'은 포함되지 않았다. 함께 여행한 몽골인 친구 두 명의 의견을 물어보았지만 '오브스', '울기', '자브항' 그들은 모두 낯선 서쪽 지명을 이야기했다. 매직아워와 은하수의 여운이 여전히 남아 있는 가운데 알게 된 몽골의 서쪽 이야기는 이번 여행이 몽골 여행의 끝이 아니라 시작이 되는 계기가 되었다. 그날 밤 나는 언젠가 몽골 서쪽을 여행하는 순간을 잠시 꿈꾸었다. 분명 언젠가 그날이 오겠지?

홍고링엘스
사막 위의 하룻밤

○

울란바토르를 떠난 지 나흘째, 우리는 드디어 몽골의 최남단 고비의 지평선 위에 검푸른 알타이산맥과 대비되어 밝게 빛나는 모래사막 '홍고링엘스'를 만났다. 모래사막은 반짝이며 동에서 서로 끝없이 흘러가고 있었다.

고비사막의 끄트머리 가장 높은 모래언덕인 홍고링엘스Hongoriin els를 찾아 서쪽으로 이동했다. 작은 솜에 멈춰 마켓에 들렀다. 솜의 규모에 비해 꽤나 큰 마켓이다. 사막에서 캠핑을 하기 위한 식재료를 구입했다. 길게 누운 사막을 따라 이동하던 중 자화가 혼자 마시기 미안했는지 맥주를 건넸다. 아침부터 맥주라니. 맥주 이름이 고비. 잠깐 고민했지만 감사하는 마음으로 뚜껑을 따고 들이켰는데 아침 공기보다 덜 시원해서인지 맥주 맛이 쓰다. 갈 길이 멀어 언젠가는 다 마시겠지 싶었지만 흔들리는 푸르공 안에서 아차 하면 맥주를 쏟겠구나 싶어 고민 끝에 창밖으로 팔을 뻗어 바람에 맥주를 날렸다. 반 이상 남은 맥주가 아까웠지만 억지로 먹고 싶지는 않았다.

고비사막에 가면 대부분 여행자는 사막에서 멀리 떨어진 여행자 캠프에서 숙박을 한다. 사막을 만나는 것은 단 한 번 홍고링엘스 정상에 오르기 위해서다. 사막과 캠프는 거리가 있어서 사막을 두 번 오는 여행자는 거의 없다. 3박 4일 달려와서 머무는 것은 잠깐이다. 캠핑을 하는 이들도 대부분 사막 옆에 형성된 초지에 텐트를 친다. 사막에 텐트를 치면 텐트 안으로 모래가 들어오고 장비에 붙은 모래는 일 년이 지나도 남아 있을 정도다. 팩도 쑥쑥 빠지고, 걷기도 힘들고…. 감성을 한꺼풀 걷어내면 불편함 투성이다. 그럼에도 불구하고 사막에 텐트를 치는 이유는? 바로 낭만 때문이다. 여행에 그것을 빼면 뭐가 남을까? 일 년 뒤에도 붙어 있는 모래는 고비의 전리품이다.

나는 그동안 고비의 모래언덕을 세 번 올랐다. 그래서 약간의 팁을 공개하자면, 고비사막은 꼭 해 질 녘에 오르라는 것! 오르는 시간이 사람마다 천차 만별이고 해지는 시간은 계절에 따라 다르니 고비로 가는 여정 중간중간 해지는 시간을 체크하자. 만약 체력이 좋지 않은 사람은 한 시간 반 전에 오르면 된다. 언덕에 오르면 썰매를 타고 싶어 바로 내려오는데 해가 질 때까지 내려오지 말 것! 해가 지평선 아래로 떨어지는 것까지 감상하자. 그리고 내려올 때는 아마 컴컴해서 아무것도 보이지 않을 것이다. 그 경험이야말로 태어나 해보기 힘든, 오직 그곳에서만 할 수 있는 경험이다. 컴컴한 경사로 아래로 발을 내딛을 때마다 북북 소리가 난다. 컴컴해서 보이지 않는 200m의 급경사 아래로 떨어지듯 미끄러지며 내려오는 경험. 모래라 약간의 주의만 기울인다면 다치지 않는다. 랜턴을 준비해도 좋고 스마트폰 라이트를 켜도 된다. 하지만 중간중간 불을 끄고 멈춰서서 주변을 둘러보길 바란다. 하지만 구체적인 느낌까지 묘사하지는 않겠다. 영화의 스포일러나 다름없기 때문이다.

한 가지 빼먹은 에피소드가 있다. 고비사막에 함께 오르기 시작한 영경이는 사막 위에서 마시겠다며 가방에 고비맥주를 넣었다. 오르는 것조차 쉽지 않은데…. 나는 가급적이면 가방을 비우라고 말했다. 맥주 같은 것은 필요 없고, 그냥 물이면 충분하다고 했다. 하지만 영경이는 고비사막 위에서 고비맥주를 마시는 게 버킷리스트라고 했다. 당연히 사막을 오르는 것은 힘들었다. 아래에서 보면 이십 분이면 오를 수 있을 것 같은 언덕을 한 시간이나 걸려 가까스로 올랐다. 숨을 고르며 능선 건너의 풍경을 감상하는데 캔맥주 뚜껑을 따는 경쾌한 소리가 들렸다. 누군가의 버킷리스트가 체크되는 순간이었다.
그렇게 말렸는데 결국 하고야 마는구나 싶어서 박수를 쳐주는데 맥주를 한 모금 마신 영경이가 눈을 동그랗게 뜨며 말했다. 너무 맛있어요! 그러고는 맥주를 건네주었다. 힘들게 지고 온 맥주를 받는 게 왠지 미안했지만 감사한 마음으로 받았다. 그리고 몇 시간 전에 바닥에 버린 그 고비맥주를 목으로 넘겼다. 세상에나! 태어나 이렇게 맛있는 맥주를 먹어 본 적이 있었던가. 내 인생 최고의 맥주 한 모금이었다.

그날 고비사막 아래 캠핑은 여행의 반환점이었다. 텐트 없이 자화와 별을 보며 잠들기로 여행 전부터 약속한 밤이었다. 우리는 홍고링엘스 사막 위에 침대를 펼쳤다. 해가 지고 모닥불 앞에 앉아 술잔에 긴 이야기를 담아 나누었다. 밝은 달이 모래 언덕 뒤로 넘어가니 별이 반짝이기 시작했다. 우리는 기분 좋게 취해 각자의 침낭 속으로 들어가 하늘을 바라보았다. 카메라는 멀리 차에 있고 스마트폰으로는 별이 제대로 나오지 않아 아쉬웠지만 이 순간을 기억하고 싶어서 사진을 몇 장 찍었다. 바람도 살며시 잦아든 고요한 밤. 침낭 속에서 별을 바라보다 스르르 눈을 감았다.

"형 눈을 떠 봐요."

나지막한 소리가 들렸다. 몇 시였을까? 자화가 부르는 소리에 잠에서 깼다. 꿈을 꾸었는지 내가 어디에 누워있는지도 잠시 잊었다. 눈을 비비고 초점을 맞추니 동전 크기의 하얀 원들이 작아져 별이 되었다. 별이 쏟아져 내렸다. 침대 위에 누워서인지 우주에 떠 있는 느낌이 들었다.

"누워서 별을 보다니 이게 무슨 일이야."

"그러게 형, 우리는 대체 몇 성급 호텔에 있는 거야? 하나, 둘, 셋, 넷… 70억 성급 호텔 아니야?"

"하하하! 정말!"

잠시 후 나는 다시 눈을 감았다. 마침내 눈을 떴을 때 진한 코발트블루 하늘 위에는 모래알 같은 별이 선명하게 반짝이고 발 아래로는 해가 뜨고 있었다. 입에서는 김이 나왔지만 침낭 안은 따뜻했다. 자화가 먼저 일어나 하반신은 침낭 안에 둔 채 커피를 내렸다. 마치 덴마크 코

펜하겐의 인어 동상을 닮았다. 그의 어깨 뒤로 해가 떴다. 우리는 따뜻한 커피를 마시며 침낭 안에서 고비사막의 일출을 감상했다.

사막을 즐긴다는 것은 무엇일까? 저마다의 방법이 있겠지. 그날 나는 사막 위에서 보낸 무수히 많은 하룻밤 중 가장 특별한 경험을 했다. 두고두고 잊지 못할 순간이었다.

8장

낯선 몽골 여행,
몽골의 서쪽에서 동쪽까지

Photo Essay

8장 · 낯선 몽골 여행, 몽골의 서쪽에서 동쪽까지

먼 여행에서
다시 초원 여행으로

멀리 있는 풍경을 만나기 위해
여행의 대부분을 차 안에서 보냈다.
이름 있는 여행지를 버리고
내가 원하는 풍경을 찾아 여유를 즐길 수 있는
마음이 있다면, 그 순간 여행은
새로운 사원의 문턱을 넘게 된다.
창밖을 바라보는 여행이 아니라
직접 걸을 수 있는 여행
지나치는 풍경을 바라보는 게 아니라
머물며 구름과 해의 흐름을 바라보는 여행이다.

타왕복드에서 울란바토르까지
2,200km

○

몽골의 서북쪽 끝에 있는 바양울기 아이막은 우리가 아는 몽골과는 또 다른 자연환경과 문화를 가진 곳이다. 언어조차 몽골어가 아닌 카자흐스탄의 언어를 사용한다. 하지만 자연에 순응하며 살아가는 방식은 같다. 몽골의 서쪽 여행은 몽골 안에서 또 다른 몽골을 경험할 수 있는 기회다. 하지만 왕복 3,200km를 9박 10일간 차로 왕복하는 것은 불가능하다. 결국 비행기로 갔다가 육로로 되돌아오는 일정을 계획했다. 처음에는 막연히 열흘이면 충분하지 않을까 생각했지만 계획이 구체화되면서 현실적인 어려움에 부딪쳤다. 가보고 싶은 곳은 많았지만 취할 것과 포기할 것을 정리해야 했다. 실타래처럼 구불구불하게 지도 위에 놓인 여행 경로를 10등분해 보았다.

출발 전 계획한 행선지는 바양울기-타왕복드-오브스호수-하르거스호수-하르호수-테르힌 차강-체체를렉-엘승타사르해-울란바토르. 몽골에서 뿐만 아니라 다른 나라에서도 만나기 힘든 풍경들을 긴 꼬치에 꿰듯 만날 수 있는 여행이다. 밤하늘의 별은 덤이다. 해가 지면 가던 길을 멈추고 야영을 하면서 최소 이틀에 한 번은 여행자 캠프를 이용하기로 했다. 다만 서쪽의 여행자 캠프는 인터넷은커녕 전화조차 어려운 곳들이 대부분이어서 운영을 하는지조차 미리 확인할 수 없었다. '텐트가 있어 캠프 예약을 못한다면 식사와 샤워 시설만이라도 이용하자. 운명은 하늘에 맡기기로!' 날씨도, 길도, 숙소도, 이동 중 식사도 반쯤은 '상황에', '운에' 맡기는 여행이었지만, 일행 중 누구도 불안해하지 않았다. 수동적으로 이끌려 다니는 거라면 불편하고 고된 여정이겠지만 스스로 택한 길이기에 오히려 매순간 두근거림을 품고서 색다른 하루하루를 만끽할 수 있었다. 바둑을 복기하듯 계획된 일정표대로 여행하기보다 예측하지 못한 변수를 해결해 가는 과정을 즐기는 것이 자연여행의 묘미라는 것을 우리는 알고 있었다. 모두가 이러한 자연여행의 가치를 공유하고 있었기에 몽골 원정대의 모험이 가능하지 않았을까.

몽골의 지붕, 카자흐스탄의 도시
바양울기에서 반나절

○

해발 4,000m가 넘는 다섯 개의 높은 봉우리 타왕복드는 몽골의 지붕이라고 불린다. 타왕복드에 인접한 몽골의 서쪽 국경은 러시아, 중국, 카자흐스탄 네 나라가 만나는 지점이기도 하다. 울란바토르에서 출발한 우리는 오브스 아이막을 경유해 바양울기로 날아갔다. 부드럽고 인상 좋은 몽골의 초원이 서쪽으로 갈수록 과열된 주식 차트처럼 주름지고 험준해진다. 높은 고도 때문인지 땅이 가까워진 느낌도 들었다. 이어지던 지표의 주름 가운데 난데없이 평평한 평원 위의 도시가 나타났다.

초원으로 이어진 광활한 비행장 한가운데 비행기는 한 대뿐이었다. 궁극의 간결함. 하늘과 활주로와 이제 막 발을 내려놓은 우리가 전부다. 고도가 높은 지역이라 어깨 언저리까지 하늘이 내려와 있다. 산줄기를 뒤덮을 듯 맞닿은 구름은 영원히 사라지지 않을 것처럼 선명하다. 아담한 공항은 시멘트 건물이지만 그 너머 세상에 대한 기대 때문인지, 독특한 외형 때문인지 눈길을 끌었다. 흡사 비디오 게임 슈퍼 마리오의 성城 모양을 닮았다. 이곳부터 울란바토르까지 2,200km. 마리오의 여정처럼 넓은 지도 위에 아직 없는 타이어 자국을 선명히 새기며 우리는 동쪽으로 향할 것이다.

바양울기는 몽골의 수도 울란바토르에서 1,636km 떨어져 있고 카자흐스탄 국경 옆에 있어서 몽골이라기보다는 카자흐스탄에 가깝다. 사용하는 언어도 몽골어가 아니고 사람도 대부분이 카자흐족이다. 몽골의 수도 울란바토르에서는 러시아의 흔적을 느낄 수 있는 정도지만, 이곳은 카자흐스탄 그 자체다. 서구화된 카자흐스탄 본토보다 오히려 옛 카자흐스탄의 문화를 더 잘 보존하고 있는 곳이기도 하다. 바양울기에 도착하면 재래시장이나 시내 곳곳을 이리저리 돌아다닐 수 있을 거라 생각했지만 이미 키 낮은 건물 뒤로 해가 넘어가고 있어 마음이 급했다. 멀찌감치 떨어진 사람들의 긴 그림자가 길 바닥을 가득 어지럽히고 있었다.

우리가 서둘러 도시를 벗어나는 이유는 '타왕복드' 때문이다. 계획대로라면 다음 날 해가 지기 전 타왕복드 만년설 앞에 베이스캠프를 구축해야 했다. 그 먼 거리를 가려면 오늘 최대한 많은 길을 가야 했다. 여행은 언제나 상상과 현실 사이에 큰 균열이 생기기 마련이다. 그 차이를 깨달은 순간 얼마나 무모한 계획을 세웠는지 가늠하게 된다. 불안감이 불쑥 고개를 내밀었다. 지금 포기한 것보다 앞으로 더 많은 것을 포기하게 될 것이라는 예감이 선명하게 다가왔다. 창밖의 풍경은 어느새 내린 어둠에 흐릿해졌고, 일행들은 열심히 촬영을 하고 있었다. 나는 어둑하고 흔들리는 차 안에서 찍어봐야 좋은 사진이 나올 리 없다는 생각에 카메라를 가방에서 꺼내지도 않았다. 반쯤 의욕이 떨어진 상태로 무심히 창밖만 쳐다보았다. 여행을 하다 보면 그런 때도 있다.

잠깐 한눈을 판 사이 누군가 몰래 스위치를 내린 것처럼 갑자기 날이 어두워지고 굵은 빗방울이 창을 때렸다. 도시에서 밤은 화려한 옷으로 갈아입고 새롭게 태어나는 순간이겠지만 자연의 밤은 다르다. 공연이 끝난 무대처럼 컴컴해진다. 창밖이 우브르항가이의 초원인지, 고비의 거친 도로 위인지, 낯선 서쪽의 산기슭인지 도저히 분간할 수 없는 상태. 비포장길 위를 달리는 중이라는 사실만이 좌석의 흔들림으로 전달되었다. 눈을 감으니 흔들림이 더 선명해졌다. 길을 몸으로 읽었다. 그리고 스르르 잠이 들었다. 누가 푸르공에서는 잠을 못 잔다고 했을까? 비행기의 쪽잠으로는 피곤이 가시지 않았던 모양인지 푸르공의 흔들림을 자장가 삼아 나는 깊은 잠 속으로 빠져들었다.

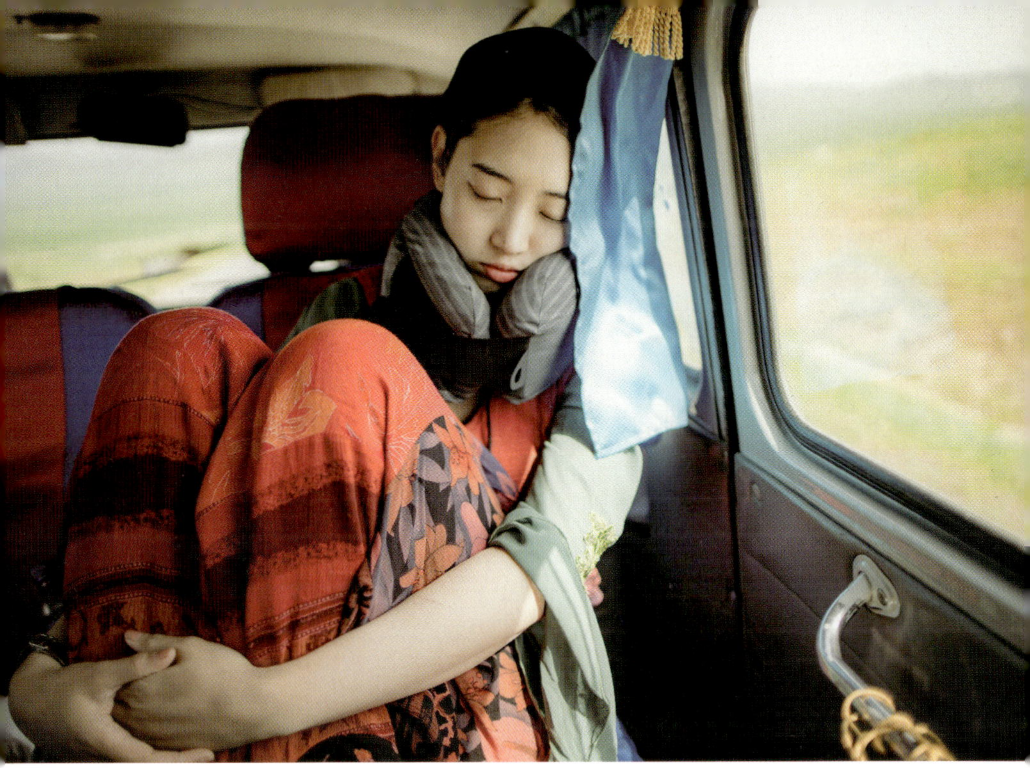

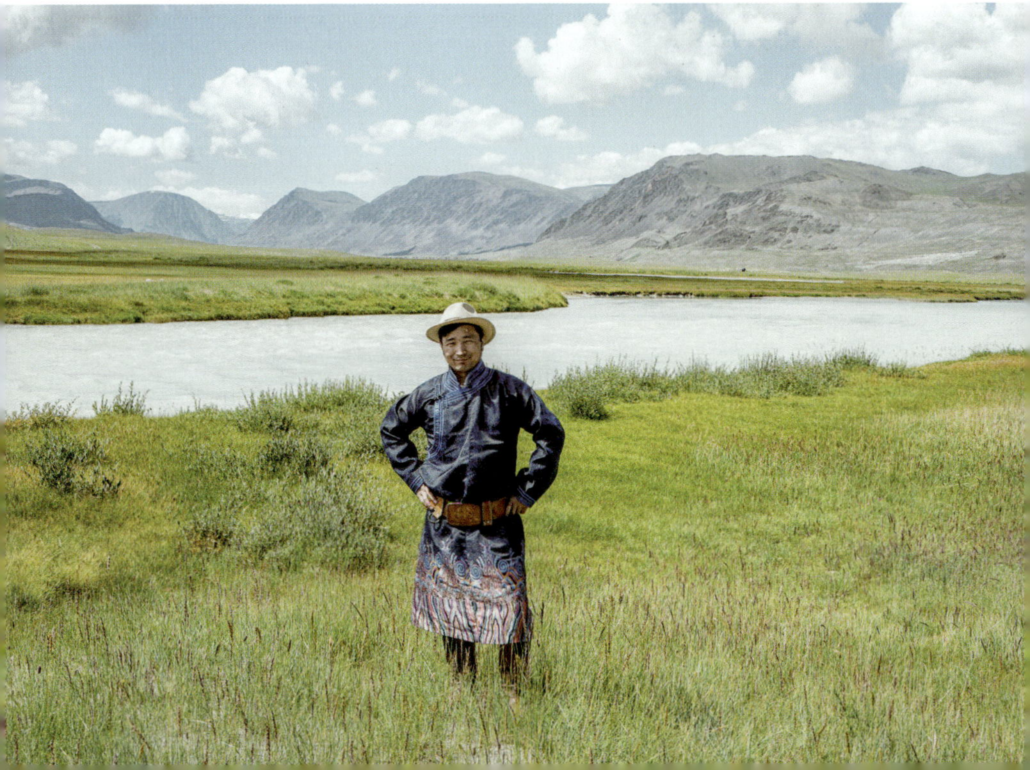

까만 밤 눈부신 아침
두 개의 서쪽 하늘, 그날의 기억

○

얼마나 달려왔을까? 늦은 밤 낯선 여행자 게르에 도착했다. 고도도 높고 밤이 되니 쌀쌀해서 손이 시렸지만 카메라를 꺼내지 않을 수 없었다. 쏟아질 듯한 별들이 눈앞에 있었기 때문이다. 무릎을 살짝 굽혔다 펴면 둥둥 우주로 떠내려갈 것만 같은 기분이었다. 새벽에 도착해 시 겨우 짐만 풀어놓고 별을 보러 나온 일행들과 함께 다음 날은 어떻게 되어도 상관없을 만큼 이대로 좋았다. 우리는 게르에서 떨어져 어둠 속으로 들어가 의자를 펴고 돗자리를 깔고 밤하늘을 바라봤다. 여기저기서 떨어지는 별똥별을 보며 탄성을 지르고 웃고 떠들다 이내 모두 조용해졌다.

별이 쏟아지는 밤하늘 아래 바람소리만 들린다. '내일과 다음 생 중에 어느 것이 먼저 찾아올지 우리는 알 수 없다.'라는 티베트의 속담이 있다. 주변의 어둠이 별무리 사이로 이어져 우리는 방향과 거리를 상실해 버렸다. 손을 뻗으면 수천 광년을 날아온 빛을 만질 수 있을 것만 같았다.

시간과 공간의 왜곡
걸어온 어제와
가야 할 내일이
수많은 별 아래
너무나 작은 것이 되었다.
그저 작은 나

눈이 매웠다. 새벽까지 별을 보다가 일출을 놓쳤다. 컴컴한 게르의 문을 열고 나오니 빛이 쏟아져 내렸다. 맞은편 언덕 바로 뒤에 이미 해가 걸려 있었다. 따듯한 아침 볕에 눈이 녹듯 어제까지의 모든 푸념이 사라졌다. 여행의 아쉬움과 걱정까지도 말끔히 날아갔다. 카메라를 들고 어슬렁어슬렁 주변을 둘러본다. 주변은 산으로 빙 둘러싸여 있고 멀지 않은 곳에 강이 흐르고 있었다. 유속이 빨라서 소리만으로도 존재를 느낄 수 있었다.

주인 게르의 문이 열리고 젊은 여성이 나왔다. 잠이 덜 깬 듯했지만 나처럼 산책을 하기 위해 나온 것 같지는 않았다. 그녀는 소의 젖을 짜기 위해 이른 아침에 게르를 나섰다. 표정에는 아직 덜 깬 잠 한 줌이 묻어 있었다. 그녀는 한 걸음도 허비하지 않으며 양동이를 들고 어미 소에게로 향했다. 몸에 밴 듯 익숙하게 젖을 짰다. 이미 수백 수천 년 전부터 이어왔을 가축과 사람의 공생 관계. 그저 순리에 따르는 삶의 단면이었다. 사람들이 하나둘 게르 밖으로 나오기 시작했다. 그들과 간단히 아침 식사를 하고 커피도 마셨을 테지만 다 잊었다. 혀로 느낀

감각과 기억은 모두 사라졌다. 다만 선명하게 남아 있는 기억은 차갑고 맑은 아침 공기뿐이다. 고원의 서늘함과 따듯한 아침 햇살이 커피잔 속에, 따듯한 국 위에 얹혀져 슬며시 내 몸 속으로 스며들었다.

식사 후 이웃한 카자흐 유목민 게르에 방문했다. 몽골의 서부 울기 아이막이 독수리 사냥으로 유명하다는 얘기는 들었지만, 유목민이 기르는 독수리를 직접 보니 놀라웠다. 게르는 몽골 게르와 형태는 유사하지만 더 크고 내부 문양과 색이 화려했다. 가구도 많지 않은 열 평 남짓한 공간 구석구석에는 카자흐 유목민의 삶이 녹아 있었다.

바양울기 아이막의 유목민은 카자흐어를 사용해서 몽골인도 소통하기 어렵다. 도시에서 언어가 통하지 않으면 여행이 쉽지 않다. 하지만 우리에겐 문제가 되지 않았다. 자연에서 만난 사람들과는 복잡한 언어가 그다지 필요 없다. 손짓, 몸짓, 눈빛으로도 충분하다. 카자흐어와 몽골어를 거쳐 자화가 통역해 준 유목민의 설명은 그날의 아침 식사처럼 기억에서 사라졌지만 길에서 나눈 미소는 지금도 생생하게 기억하고 있다. 미소는 언어보다 힘이 세다. 몽골을 여행할 때 이것만은 꼭 알아두자. 몽골어 몇 마디 외우는 것보다 진심 어린 미소를 준비하는 게 더 중요하다는 것.

8장 · 낯선 몽골 여행, 몽골의 서쪽에서 동쪽까지

빙하의 눈물, 차강걸

○

불쑥 창밖으로 흰 강이 모습을 드러냈다. 빛에 반사된 것인가 싶어 다시 살펴보았지만 정말 우유처럼 탁한 흰색의 강이다. 영국 웨일스 둘레이강에 우유를 싣고 가던 대형 트럭이 빠져 약 2만 8천 톤의 우유가 흘러가서 강물이 하얗게 변했다는 해외 뉴스를 본 적 있다. 하지만 이 강은 차강걸Цагаангол이라는 이름도 있다(차강은 몽골어로 하얗다는 의미다).

우유 빛깔의 흰 강물은 파란 하늘빛을 투영하지 않고 오직 자신의 색으로 고고히 흐른다. 설산의 만년설이 녹아 하얀 석회 진흙과 섞여 흰 빛으로 흐른다. 스위스에서도 마을 사이로 흐르는 하얀 알프스의 석회 강을 본 기억이 있다. 자화는 이 물로 커피를 끓여 라테를 만들어 마셨다고 한다. 그나저나 그가 걸친 파란 델(몽골 전통복)과 흰 강이 하늘과 구름의 색을 닮아서인지 더없이 잘 어울린다. 이쯤 되면 몽골인들의 파란색 사랑은 수긍이 된다.

타왕복드,
몽골의 가장 높은 곳에 오르다

○

해발 1,600m에서 4,000m가 넘는 타왕복드까지 반나절. 비행기가 활주로를 오를 때 몸이 살짝 뒤로 젖혀지는 정도의 완만하고 끝없는 경사로가 이어진다. 마치 목적지가 하늘인 것처럼 구름을 향해 달린다. 아무리 들어도 질리지 않는 노래 같은 풍경, 차가 멈추면 초원에 내려 발을 딛고 풍경을 살핀다. 그곳에는 여행책이나 인터넷에서 찾아볼 수 없는 이름 없는 절경이 즐비했다. 해는 서쪽으로 앞서가며 길을 재촉하지만 매 순간 불쑥불쑥 등장하는 풍경에 차를 세우는 일이 잦아졌다.

한참을 덜컹이며 달리다 보니 사방 지평선 뒤로 하늘뿐인 마을을 만났다. 서 있는 자리에서 마을의 입구와 출구가 한눈에 보이고, 게르와 집이 몇 채 옹기종기 모여 있는 모습을 보니 이곳을 지나는 여행자들로 인해 생겨난 부락 같다. 여기에서 말을 타고 정상까지 오를 계획이었지만 해 질 녘까지 시간이 여의치 않아 푸르공을 타고 오르기로 했다. 쉼 없이 달려온 덕에 다행히 해지기 전 여행자 베이스캠프가 내려다보이는 언덕 위 정상에 도착할 수 있었다. 그곳에는 어떤 이유에서인지 많은 군인이 있었다. 알고 보니 4년에 한 번 국가의 리더와 스님(몽골의 라마불교)이 모여 국가의 번영을 기원하는 행사를 여는데 우리가 도착한 날이 때마침 그날이었다.

우리는 행사에 초대받은 손님처럼 언덕 한편에 자리를 잡았다. 관광객이 이곳까지 차로 올라오는 경우(그것도 세 대씩이나)는 흔치 않은 터라 행사를 준비하는 그들도, 우리도 서로의 존재를 신기해하며 힐끗힐끗 구경했다.

타왕복드의 다섯 봉우리가 한눈에 보이는 멋진 곳이었다. 차에서 내린 나는 가장 먼저 화장실로 달려갔다. 몽골에서 가장 높은 곳의 화장실. 앞면은 막혀 있지만 뒤쪽은 벽 자체가 없었다. 앉아 있으면 해발 4,000m 사언의 풍광을 아이맥스 화면으로 감상할 수 있는 너무니 멋진 화장실이었다.

이름에서조차 묵직함이 느껴지는 타왕복드! 다섯 개의 봉우리 앞에 섰다. 몽골에서 그리고 내 인생에 가장 높은 땅을 밟은 셈이다. 이전까지의 기록은 융프라우 전망대의 3,500m가 최고 높이였다. 타왕복드는 융프라우와 그랜드 티톤 국립공원의 풍경을 한자리에 모아 놓은 듯한 풍광을 보여 주었다. 아이젠, 등산 스틱 하나 없이 거짓말 같은 풍경 앞에 서 있다는 사실이 믿기지 않았다.

해가 기울고 있었기 때문에 서둘러 짐을 챙겨 언덕 정상에서 1km 남짓 떨어진 여행자 베이스캠프까지 말을 타고 이동하기로 했다. 짐은 모두 낙타 등 위에 옮겨 실었다. 거대한 봉우리 앞에 풍경은 원근감을 상실한 채 합성사진처럼 펼쳐져 있었다. 그때, 풍경에 취해 말 위에서 렌즈를 떨구고 말았다. 하필이면 여행 사진의 70%를 담당하는 광각 줌렌즈였다. 나의 부주의함에 화가 났다. 여행은 이제 시작인데 더 이상 아무것도 담을 수 없다는 생각에 마음은 서글펐고 반대로 풍경은 더 눈부셨다. 하지만 이미 벌어진 일은 돌이킬 수 없는 것. 이 역시도 여행의 일부라는 사실을 그동안 숱한 여행을 통해 배웠다. 내가 해야 할 가장 현명한 선택은 마음을 다시 제자리로 돌려놓는 것이다. 오락가락 정처 없이 흔들리던 마음을 겨우 다잡아 말 위에 올려놓았다. 그래, 아무럼 어떠랴. 나는 타왕복드에 도착한 것이다.

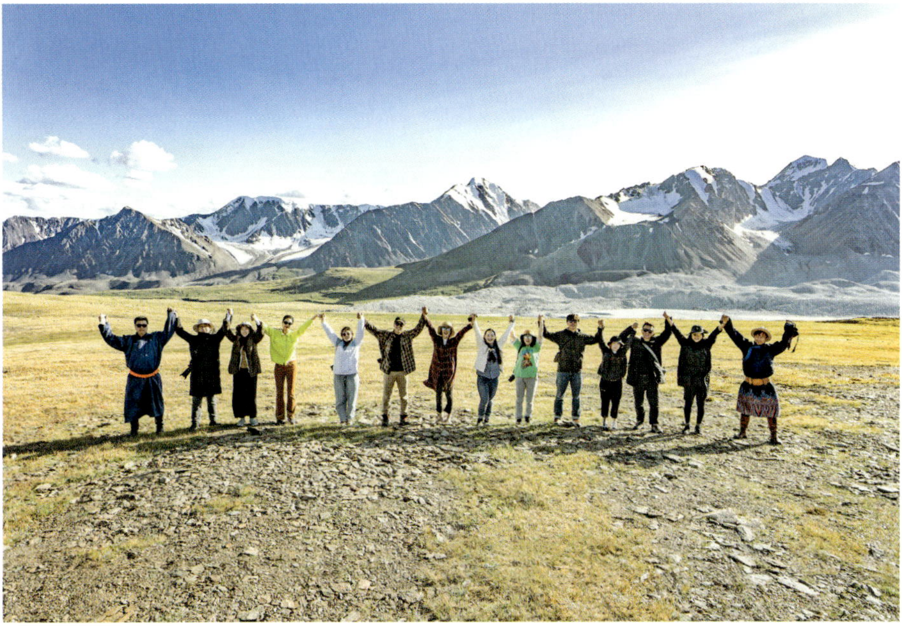

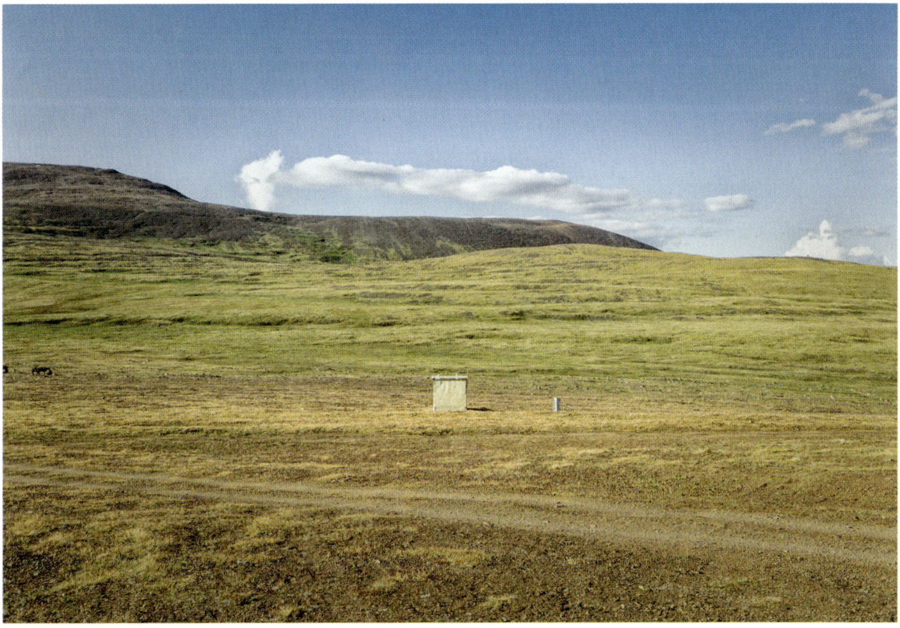

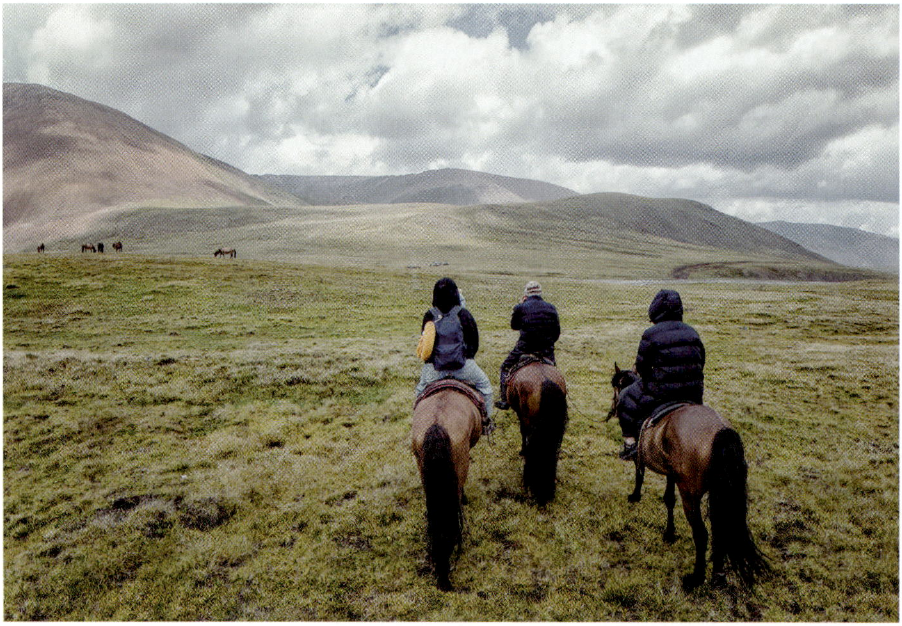

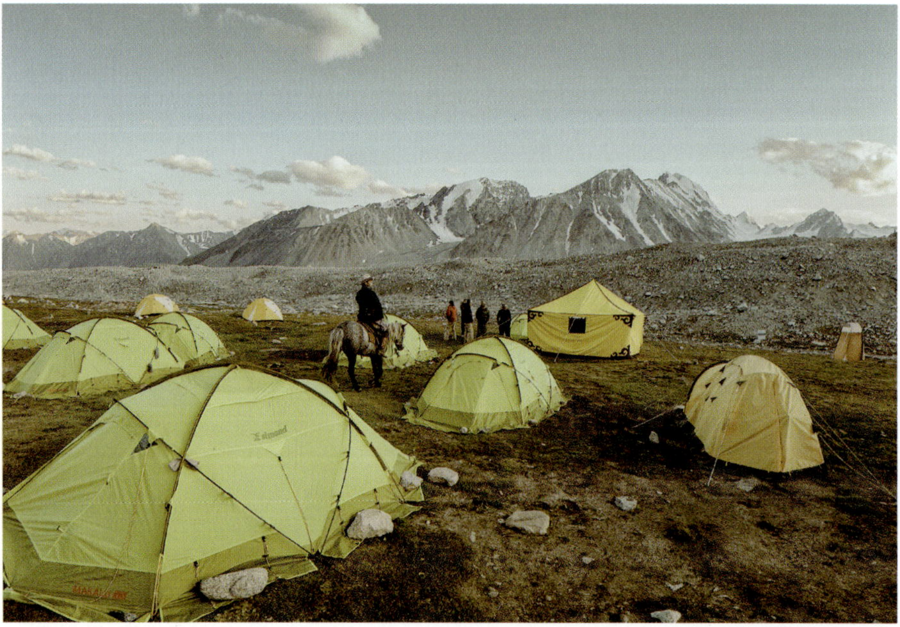

초원의 끝
알타이 타왕복드 국립공원

○

예정보다 늦게 캠프에 도착한 우리는 말에서 내려 베이스캠프와 만년설 사이에 솟은 언덕 위로 올라갔다. 언덕 너머의 풍경은 마치 손뼉을 맞추기 위해 기다린 것처럼 완벽한 일몰 타이밍을 준비하고 있었다. 아, 이렇게 정확한 순간에 도착하다니! 일정상 여유가 없던 우리에게 날씨는 '행운' 그 자체였다. 하늘은 너그러운 미소로 우리를 지긋이 내려다보며 서서히 저물었다. 한낮 뜨거운 햇살을 뿌리던 태양이 모습을 감춘 후 불어오는 바람은 만년설의 서늘함을 품고 있었다. 우리는 흥분을 감출 수 없었다. 고도가 높아 심장박동이 빨라져서일까? 아니면 설산의 황홀한 풍광 때문일까? 시간, 날씨 등 모든 것을 운에 맡길 수밖에 없는 상황에서 얻은 타이밍이라 더 아름답다고 느껴졌는지 모르겠다. 앞으로의 여정이 순탄하리라 장담할 수도 없다. 불과 몇 분 전에 수백만 원 하는 렌즈가 고장 났고, (미리 고백하건대) 그다음 날은 카메라가, 8일 차에는 드론이 요단강을 건넜다. 먼 거리만큼이나 많은 사건·사고를 겪은 여행이었고 힘든 도전이었다. 하지만 이 여행은 다른 무엇과도 바꿀 수 없는 소중한 경험을 선물했다.

느지막이 잠에서 깼다. 이미 해가 뜬 다음이다. 먼 곳에 덩그러니 외딴 화장실이 있었다. 안에 사람이 있는지 없는지 멀리서도 살필 수 있는 초원의 나무 화장실. 사람이 나오는 모습을 보고 나서 화장실을 향해 출발했다. 4~5분은 족히 걸리는 거리다. 화장실은 두 칸이었다. 문이 없고 칸막이도 허리보다 조금 높은 정도라서 일어서면 옆 칸이 훤히 보였다. 하지만 자리에 앉아서 타왕복드의 풍경을 느긋이 감상할 수 있었다. 저 멀리 텐트도 보이지만 무슨 상관이란 말인가. 화장실에서 가만히 앉아 풍경을 즐기며 나만의 시간을 가졌다.

만년설과 베이스캠프 사이에는 둑처럼 높고 긴 돌무더기 언덕이 있다. 그 언덕은 산에서 불어오는 차가운 기운의 바람막이 역할을 했고, 탐험가와 여행자를 구분하는 경계이기도 했다. 그리고 이번 여행의 반환점이기도 하다. 우리는 몽골 서쪽 끝 언덕 위의 작은 어워를 돌아 동쪽 울란바토르까지 2,000km가 넘는 긴 여행을 떠날 채비를 했다.

오전 열 시 무렵, 우리는 타왕복드에서 출발했다. 4,000m가 넘는 산맥이 길게 이어져 있는 풍경은 미서부의 그랜드 티톤 국립공원과 비슷한 모습이고, 오른쪽 두 개의 봉우리 사이 너른 협곡은 스위스의 융프라우를 떠올리게 했다. 대체로 4,000m가 넘는 산은 비슷한 모습을 하고 있다. '어제 차를 세워둔 곳까지 이동하겠지.' 가볍게 생각하고 출발했는데 천만의 말씀. 우리는 말을 타고서 산을 세 개 넘었다.

보슬비가 내리더니 좁쌀만 한 우박으로 변했다. 그리고 잠시 후 장대비가 쏟아졌다. 모자의 챙 가장자리로 모인 빗물이 어깨로 졸졸 흘러내렸다. 쌀쌀했지만 기분은 상쾌했다. 구름은 눈길조차 주지 않은 채 바삐 지나치며 틈새로 햇살을 한 줌씩 뿌리곤 했다.

몽골에 와서 여러 번 말을 타봤지만 이곳에서 두 시간 반 남짓 말 위에서 보낸 경험은 내 생애 가장 뚜렷한 기억 중 하나가 되었다. 하지만 시간이 지날수록 동행들은 지쳐갔다. 초보자가 말을 두 시간 이상 타는 것은 체력적으로 힘든 일이다. 결국 견디다 못해 말에서 내려 걷겠다는 이도 있었다. 하지만 가급적 끝까지 버티라며 만류했다. 해발 3,000m의 산을 걸어서 넘는 것은 결코 쉬운 일이 아니었기 때문이다.

낙오자 없이 무사히 세 개의 산을 넘어 유목민이 기다리고 있는 넓은 분지에 도착했다. 다리에 힘이 빠져 말에서 내리자마자 바닥에 털썩 주저앉는 사람도 여럿 있었다. 우리는 그곳에서 낙타와 말을 내어준 유목민들과 아쉬운 작별의 인사를 나누었다. 우리가 헤어진 곳이 어딘지 지도를 찾아봐도 알 수가 없다. 도로도, 이정표도, 이름도 없는 초원이었다. 그곳에서 우리는 서로가 어디로 가는 것인지 알 수도 없었고 묻지도 않았다. 그저 '다른 방향'으로 멀어졌다.

8장 · 낯선 몽골 여행, 몽골의 서쪽에서 동쪽까지

바양울기 유목민과
세 번의 만남

○

높은 곳에서 내려갈 때의 기분이 있다. 롤러코스터처럼 한 번에 훅 떨어지는 건 아니고 대관람차를 타고 내려오는 기분이다. 해발이 낮은 곳으로 이동했지만 한나절이라는 시간을 두고 천천히 내려가기 때문이었다. 때때로 깊은 경사로를 만나기도 하고 가끔은 초원을 시원하게 내달리다가도 뜬금없이 고막이 먹먹해지기도 했다.

바양울기 아이막 경계를 지나 오브스로 향하는 길. 주름진 계곡과 봉긋 솟아오른 산이 점점 자취를 감추며 하나의 세계가 끝나려는 순간. 바양울기는 풍경도 남달랐지만 이곳에서 만난 사람들도 몽골인들과 생김새가 달랐다. 덕분에 몽골이 아닌 중앙아시아를 여행한 것 같은 기분도 들었다. 바양울기에서는 세 번의 인연이 옷깃을 스쳤다.

독수리 사냥을 하는 유목민. 타왕복드 입구 작은 마을, 점심 식사를 위해 차에서 내렸는데 멀리 떨어진 곳에서 카자흐 복장을 한 초로의 남자가 말을 타고 나타났다. 작은 말을 탄 아이 둘과 이동 중이던 그의 오른손에는 커다란 독수리가 앉아 있었다. 두툼한 가죽 장갑을 움켜쥔 날카로운 발톱과 뾰족한 부리, 맹수가 풍겨내는 아우라와 상반되는 온화한 미소를 장착한 사내는 소년 만화에서 튀어나온 듯한 멋과 기품이 있었다. 비록 사냥하는 모습을 직접 볼 수는 없었지만 바양올기를 떠나기 전 사냥꾼의 모습을 볼 수 있었던 것만으로도 행운이라 생각했다.

두 번째는 청재킷을 입은 사춘기 소녀였다. 한창 자기 세계에 빠져들 나이지만 사람이 그리운 외딴 환경 때문인지 외지인에 대한 호기심을 감추지 못해 주변을 맴돌았다. 청바지에 귀걸이와 예쁜 머리 장식, 뺨에는 예쁜 스티커를 붙인 멋쟁이 꼬마 아가씨였다. 아무도 없는 첩첩산중에서 누구에게 보여주려고 이렇게 예쁘게 꾸몄을까?

그 아이는 자신의 방으로 우리를 초대했다. 카작인의 게르는 일반적인 몽골인 게르에 비해 장식의 문양과 색이 화려한데 이 아이의 침대는 더 화려했다. 그리고 마치 손님의 방문을 미리 예견하고 있었다는 듯 소유하고 있는 그녀의 보물들이 각자의 위치에서 가지런하게 저마다의 아름다움을 뽐내고 있었다. 선글라스, 머리핀, 인형, 샴푸 등 대체로 이곳에서 쉽게 구할 수 없는 것들이 많았다. 도시의 부산물을 소중히 생각하는 마음이 느껴졌다. 아마 소녀는 번잡한 도시로 여행을 가보고 싶을 것이다. 우리는 대도시의 번잡함을 피해 이곳으로 왔으니 서로 다른 생각을 품은 것 같지만 실은 같은 마음이다. 누구나 가보지 않은 곳, 결핍된 것을 소망하니까.

마지막 인연은 말을 탄 소년들이었다. 신나게 내리막을 달리던 차가 갑자기 멈춰 섰다. 저만치 떨어진 곳에 유목민이 여럿 모여 있었는데 이건 흔한 일은 아니었다. 이유는 알 수 없지만 아주머니 한 분이 코피가 멈추지 않는다고 했다. 그 이야기를 들은 우리 드라이버는 마치 바통을 넘겨받은 릴레이 경주 주자처럼 헐레벌떡 그쪽으로 달려갔다. 몽골인들은 초원에서 어려움에 처한 사람을 위해서라면 언제라도 도움을 줄 준비가 되어 있다. 덕분에 우리에게도 자유시간이 생겼다. 따라 내려가 유목민 아이들과 시간을 보냈다. 나는 그들을 촬영하고 즉석에서 찍은 폴라로이드 사진을 선물했다. 외지인이 신기했는지 인근 게르의 아이들이 말을 타고 구경 왔다. 행복했다. 유목민 아주머니의 코피가 아니었다면 이들과의 만남도 없었겠지. 아마도 흔들리는 버스 안에서 꾸벅 졸며 아이막 경계를 넘었을 것이 분명했다.

미리 우리를 위해 준비된 것만 같은 풍경과 사람들. 어찌 인연이 아니겠나. 우리는 바로 그 순간 만날 수밖에 없는 운명이었던 거다. 호기심 반 재미 반으로 모델이 되어준 친구들과 추억 한 장을 주고받았다. 나는 디지털 이미지로 그들을 기억하고 그들은 폴라로이드 사진으로 이날의 만남을 기억할 것이다. 그곳에 머무른 시간은 겨우 삼십 분 남짓으로 짧았지만 그들은 나에게 바양울기의 얼굴이 되었다. 그 친구들도 사진을 간직하고 있다면 잠깐 스쳐 지나간 한국인 아저씨를 기억하겠지?

8장 · 낯선 몽골 여행, 몽골의 서쪽에서 동쪽까지

타왕복드 탈출기

○

타왕복드로부터 최대한 멀리 도망가야 한다. 해발 4,000m 만년설 앞에서 하룻밤을 보낸 우리의 다음 행선지는 하르가스호수다. 도전과 휴양이라는 극적 반전이 펼쳐진다. 문제는 이 둘의 거리가 꽤나 멀다는 것이다. 타왕복드에서 하르가스호수까지의 경로를 지도에서 살펴보면 도저히 하루에 갈 수 있는 거리가 아니었다. 허나 목적지까지 허락된 시간은 단 하룻밤. 다음 날 호수에서 지는 해를 보려면 첫 날 타왕복드 산자락을 벗어나 최대한 멀리 도망가야 했다. 점심을 먹고 출발한 지 한참 지났다. 하지만 몽골 여행에서 시간과 거리는 비례하지 않는다. 흙 길, 모랫길, 오르막, 내리막…. 포장도로보다 비포장 길이 많기 때문이다. 해가 높은 산 능선에 가까워질 무렵 우리는 추가시간에 만회 골을 넣어야 하는 축구 선수의 조급한 마음으로 길을 재촉했다. 해가 지기 전에 몇 개의 산모퉁이라도 더 돌아서 이왕이면 좋은 풍경에 텐트를 치기 위해서였다. 너른 초원의 한 자리에 가방을 내려놓고 텐트를 설치하는 것만으로도 특별한 기분이 들었다. 삼삼오오 둘러앉아 저녁 식사를 준비했다. 그리고 술잔을 나누며 지는 노을을 감상했다. 10박 11일의 여행에서 네 번째 밤이 지나고 있었다. 나는 성냥팔이 소녀처럼 남은 일몰의 숫자를 세지 않을 수 없었다.

다음 날 아침, 자정 안에 목적지에 도착하려면 이른 시간에 출발해야 했지만 또 계획대로 되지 않았다. 아침의 여유를 포기하고 싶지 않았기 때문이다. 우리가 여기까지 와서 시간에 쫓겨야 할 이유는 무엇이란 말인가. 멍하니 앉아 풍경을 오래 즐겼다. 텐트의 그림자가 초원에 길게 누워 있었다.

텐트 스킨이 마르는 동안 밥을 먹고 커피를 마시고 짐을 챙겼다. 텐트, 테이블, 의자 등 초원에서 사용한 도구들을 가방 안에 넣어 차에 옮겨 싣는다. 이제 초원에는 아무런 흔적이 남아 있지 않다. 그야말로 노마드 여행. 우리는 흔적 없이 길을 떠났다.

얼마나 달렸을까? 드라이버 일벌 아저씨가 갑자기 차를 세웠다. 이유는 몰랐지만 엉덩이도 쉴 겸 우리는 차에서 내렸다. 뒤를 돌아보니 그제야 우리가 멈춘 이유를 알게 되었다. 저 먼 곳에 타왕복드의 만년설이 보인다. 꼬박 하루를 도망쳤는데 아직 그 시야를 벗어나지 못했다. 부처님 손바닥 안이라는 관용구가 떠올랐다. 산을 내려올 때 인사는 했지만 우리는 아직 타왕복드의 자락을 밟고 있었던 것이다. 하지만 이 언덕을 내려가면 다시는 볼 수 없기 때문에 일벌 아저씨가 차를 세운 것이다. 서로의 모습을 더 이상 볼 수 없는 곳에서의 인사가 진짜 안녕이다. 우리는 팔을 휘휘 저으며 타왕복드와 작별했다.

아직 우리는 꽤 높은 곳에 있구나. 구름 가까운 곳에 더 머물고 싶어도 우리는 가야 한다. 몽골의 서쪽 국경에서 울란바토르까지 푸르공으로 가는 여행, 의심할 여지 없이 멋진 계획이었지만 이렇게 아쉬운 여행일 줄은 미처 몰랐다. 나는 눈부신 창밖 풍경을 실눈으로 바라보다가 꾸벅꾸벅 졸다가 몇 번은 머리를 부딪쳐가며 풍경이 아름답기로 소문난 오브스 아이막으로 향했다.

몽골에서 가장 아름답다는
오브스에서 만난 것은

○

몽골 친구들과 고비를 여행하던 까마득한 어느 밤. 몽골인이 생각하는 몽골 최고의 여행지를 물어보았다. 오브스, 홉드, 자브항…. 그들은 당시로서는 낯선 이름들을 하나씩 열거하기 시작했는데 모두 몽골 서쪽 지역의 지명들이었다. 까만 밤하늘에 빛나는 모래를 흩뿌린 듯 반짝이는 별을 바라보며 대체 몽골 서쪽에 뭐가 있길래 고비의 밤보다 아름답다고 하는지 궁금하지 않을 수 없었다. 나는 드디어 그들이 한목소리로 말하던 오브스UVS 아이막에 도착했다.

하지만 아쉽게도 우리는 오브스의 아름다운 자연을 창 안쪽에서 지켜봐야 했다. 오브스 아이막의 서쪽부터 동쪽의 하르가스호수의 헤초하드까지 열여덟 시간을 꼼짝없이 차 안에 앉아 보내야 했다. 약간의 게으름과 빡빡한 여행 스케줄 때문이었다. 모든 게 나의 탓이었으므로 누구를 원망할 수도 없었다. 우리는 비행기 시간에 맞춰 울란바토르로 쉼 없이 달려야 하는 시한부 여행자였다. 주머니의 크기는 정해져 있는데 너무 많은 길과 풍경을 욱여 넣으려다가 결국 풍경을 눈으로만 흘려보내게 된 것이다. 바양울기를 벗어나 오브스에서 처음 차를 세운 곳은 주유소였다. 기름이 충분했다면 우리는 목적지까지 쉼 없이 달렸을 터였다. 주유소 옆에는 작은 마켓이 있었는데 그곳이 오브스와의 첫 만남이라니 헛웃음이 나왔다.

마켓보다 매점이라 표현하면 이해하기 쉬운 작은 가게 안에는 물건도 많지 않았다. 하루 종일 앉아 있어도 손님을 만날 수 있을까 싶은 카운터에는 앳된 얼굴의 소녀가 자리를 지키고 있었다. 그녀의 생김새는 몽골인이라기보다 바양울기 지역에서 만난 카작인에 가까웠다. 먼 길을 달려왔지만 아직 가야 할 길이 멀다는 것을 소녀의 얼굴을 보고 느꼈다. 그녀는 외국인의 갑작스러운 등장에 놀랄 법도 했지만 말없이 무심한 표정으로 우리를 지켜보고 있었다. 여행자가 스쳐 지나가는 곳. 잠시 친해져도 떠나고 나면 정리되는 인연들과의 수많은 경험이 만들어낸 무뚝뚝함일 것이다. 소녀에게 다가가 함께 사진을 찍어도 되냐고 물었다. 활짝 웃는 우리의 표정이 옮겨간 것인지 카메라를 보는 그녀도 웃었다. 가게 안 물건을 둘러보는 것도 잊은 채(딱히 살 것도 없었지만) 함께 사진을 찍다가 정해진 시간을 다 사용하고 말았다. 결국 사진 한 장 선물할 여유도 없이 스치고 말았지만 미소를 주고받은 것만으로도 분명 의미가 있었다. 오전 내내 창밖으로 흘러 지나간 오브스의 풍경보다 기억에 남는 한 순간이었으니까.

다시 여행이 시작되고 까마득히 먼 길을 달렸다. 오브스의 광활한 자연은 마치 벽에 걸린 액자 속 그림처럼 고정되어 있었다. 십 분 전에 지나 간 풍경과 십 분 뒤 우리가 지나쳐야 할 풍경이 한눈에 보였다. 나는 미래를 알고 있는 예언자처럼 무심히 지나는 풍경을 게슴츠레한 눈으로 흘려보고 있었다. 달리는 푸르공의 흔들림이 요람처럼 느껴질 즈음 스르르 두 눈이 감겼다. 나는 낮잠을 좋아하지 않는다. 깜빡 잠에서 깨 이미 어둑해진 창밖을 바라볼 때면 하루를 잃어버린 듯한 기분에 억울한 마음마저 들곤 했다. 그래서 낮잠을 잔 기억은 아플 때가 전부이고 아무리 피곤해도 낮에는 침대에 눕지 않는다. 하지만 그날은 예외였다. 한낮의 눈부신 햇살도 무거워진 눈꺼풀의 무게와 어딘가 깊은 곳으로 끌려들어 가는 의식을 막을 수는 없었다.

얼마나 지났을까? 흔들림과 소음이 홀연히 사라진 고요함에 눈을 떴다. 무슨 일이 벌어진 것처럼 창밖의 풍경이 낯설다. '여기는 대체 어디지?'라는 말이 불쑥 입에서 튀어나왔다. 미 서부 네바다, 모로코의 거친 황야에서 본 황량한 풍경. 영화를 보다 잠이 든 사람처럼 도대체 얼마나 많은 시간을 놓친 걸까 궁금해졌다. 동행들은 한 목소리로 내가 잠든 동안 지나온 풍경은 이 세상의 것이 아니었다며 보지 못한 나를 안타까워했다. 왜 깨우지 않았냐고 따져 물으니 깨웠는데 다시 자더라며 나를 탓했다. 다행히 해는 아직 높은 곳에 있었다. 거친 고비에서조차 느낄 수 없었던 황량함이 느껴졌다. 인간의 접근을 거부하는 자연의 무뚝뚝함, 그것은 나에게 익숙한 초원의 모습은 아니었다. 다시 바퀴가 움직이고 수많은 풍경이 흘러가는 동안 지평선은 점점 익숙한 몽골의 모양으로 변해갔다.

다시 차가 멈췄다. 사방으로 한 시간 거리가 훤히 시야에 들어오는 쓸쓸한 들판의 중심이었다. 이런 곳에 서 있으면 세상이 점과 선의 2차원으로 느껴진다. 가까운 거리에 넓은 호수가 있었지만 책상처럼 반듯한 지형 덕분에 그저 두꺼운 선으로 보였고 거리를 가늠하기도 어려웠다. 우리가 멈춘 곳에는 건물 몇 개가 덩그러니 놓여 있었다. 그곳은 여행자를 위한 식당이었다. 과연 이곳을 지나는 여행자들은 쉬어갈 수밖에 없겠구나 하는 생각이 들었다. 우리가 달려온 길도 까마득하지만 앞으로 가야 할 길도 그랬기 때문이다. 우리도 이곳에 잠시 머물며 점심 겸 저녁 식사를 했다.

식사를 마치고 밖으로 나오니 멀리 호수 건너에 초원의 잔디가 미처 덮지 못한 흙빛 산이 있었다. 마치 공기 원근법으로 그린 그림 같은 풍경이었다. 나는 드론을 꺼내 그곳으로 보냈다. 드론이 하늘 높이 오르자 호수의 광활한 면적이 드러나 깜짝 놀랐다. 쉽게 닿을 수 있는 거리가 아니라는 것을 깨달았다. 한참을 비행해도 호수 건너편에 닿지 못했다. 때마침 바람까지 불어 오히려 기체가 뒤로 밀리는 듯하다. 이번 여행은 전기를 충전할 곳도 없었기에 쓸데없이 배터리를 소모해서는 안 된다는 생각이 들어서 아쉽지만 드론을 거둬들였다.

곁에서 내 모습을 지켜보는 아이가 있었다. 그는 하늘에서 내려오는 드론과 리모컨을 호기심 어린 눈으로 번갈아 살폈다. 학교도 친구도 없는 이 쓸쓸한 땅 위에서 아이는 어떤 하루를 보내고 앞으로의 유년

시절은 어떻게 보내게 될까? 닿지 못한 이름 없는 산보다 곁에 있는 아이의 존재가 더 신비하게 느껴졌다. 그 얼굴은 내가 아는 몽골인의 생김새, 나와 비슷한 모습이었다. 먼 길을 왔구나. 바양울기에서 여기까지의 긴 여정을 되돌아보니 기억되는 것은 파노라마 같은 자연의 이어짐이 아니라 짧은 만남들이다. 결국 사람이었다. 찰나의 만남이 지루한 하루 여정을 중화시켜 주었다. 나에게 오브스는 오랜 시간 그 두 사람의 얼굴로 기억될 것 같다.

푸르공에 몸을 싣고 다시 길을 떠났다. 인적 없는 초원에서 집터의 흔적을 만났다. 흔적을 남기지 않는 유목민의 땅, 사람의 흔적이라곤 찾아볼 수 없는 곳에서 만난 집터는 과연 어떤 공간이었을지 궁금할 만도 했지만 하필 수십 분 전부터 화장실로 삼을 만한 지형을 찾던 우리에게는 그저 훌륭한 화장실로밖에 보이지 않았다. 일행들은 차를 멈춰 세우고 집터로 달려갔다.

그곳에서 만난 노을은 아름다웠다. 초원 여행을 하면서 가장 기다리는 순간이 바로 일몰이다. 나는 노을을 수집하는 사람처럼 그날그날의 노을을 기록한다. 비록 오브스에서의 첫 하루는 종일 이동하는 차 안에서 보냈지만 노을을 보았던 단 십 분으로 행복할 수 있었다. 어떤 힘든 일이 있었다 해도 아름다운 노을을 보는 순간 "오늘은 참 운 좋은 하루였어."라고 말할 수 있는 것이다.

오브스 히르가스호수에서

○

바양울기에서 출발해 꼬박 스무 시간을 달려 호수에 도착한 시간은 새벽 세 시 반이 넘어서였다. 흔들리는 푸르공에서 이미 충분히 잠을 잔 일행들은 게르로 들어가지 않고 호숫가로 향했다. 시원한 새벽 공기, 파도처럼 일렁이는 물소리, 노란 하늘빛이 리트머스 용지에 번지듯 건너편 호수 아래에서부터 올라왔다. 이번 여행에서 가장 인상적인 아침 풍경이었다. 마치 이 순간을 위해 때맞춰 도착한 사람처럼 각자의 자리를 골라 한참을 멍하니 앉아 있었다. 해가 뜨고 우리는 휴양지에 온 듯 모처럼 여유로운 시간을 보냈다. 타프 그늘에 모여 앉아 그림을 그리거나 라면을 끓여 먹었다.

오후에는 수영을 즐겼다. 아침에는 태양 빛을 머금은 바위가 노란색으로 보였는데 낮에 보니 하얀색이었다. 구름보다 희다. 파란 하늘을 배경으로 호수에 반쯤 잠긴 구름 같다. 전날 타왕복드는 겨울 날씨였는데 하루 만에 여름이 되었다. 한낮에는 호수로 내려가 신나게 즐겼다. 우리는 아름다운 풍경에, 일렁이는 수평선에 흠뻑 빠져버렸다.

"형 여기에 와서 잠깐 누워봐요."

자화가 불렀다. 호수 바닥은 반들반들한 자갈밭이었다. 마침 물놀이에 체력이 바닥날 무렵이었다. 자갈 위에 누우니 따끈따끈하게 데워진 자갈 덕분에 등이 뜨끈뜨끈했다. 차가운 물이 누워 있는 몸에 반쯤 차올랐다가 사라진다. 자갈 사이로 물이 지나는 소리가 차르르 차르르 들렸다. 하늘의 햇살과 뜨거운 자갈이 경쟁하듯 서로의 다정함을 뽐내고 시원한 파도가 딱 좋은 타이밍에 몸을 식혀주었다. 왜 자화가 누우라고 했는지 알 것 같았다. 마치 맛있는 음식을 먹어보고 권하는 마음이다.

"좋지?"

"아 정말 좋다."

"여기에 하루 더 있을까 봐."

너무 오래 달려왔으니 하루 더 머물며 호수의 여유를 즐기자는 제안에 모두 격하게 찬성했다. 하지만 10박 11일의 빠듯한 여행에 여유란 대출과 같다. 하늘에서 생겨나는 것이 아니라 나중의 시간을 미리 끌어다 쓰는 것이다. 하지만 꼭 필요할 때는 또 아낌없이 써야 할 때도 있는 법. 그게 바로 지금이다.

8장 · 낯선 몽골 여행, 몽골의 서쪽에서 동쪽까지

사막과 만나는
에메랄드빛 호수

○

모래언덕 위에서 썰매를 타고 에메랄드빛 호수로 풍덩 빠지는 모습은 TV 여행 프로그램에서 한 번쯤 보았을 장면이다. 초원과 사막, 에메랄드빛 호수가 어우러진 풍경을 가진 곳이 몽골 서쪽에 있다. 바로 자브항의 '울락치니 하르노르Ulaagchiin Khar Lake'가 그날의 마지막 행선지였다.

하르가스호수에서 아침 일찍 일어나 서둘러 자브항으로 떠났다. 하루가 금세 추억이 되고 어제가 그리워진다. 하지만 다음 여정이 기다리고 있다. 우리는 뒤돌아보지 않고 바람이 부는 곳으로 나아갔다.

줄곧 초원을 달리다가 자브항으로 곧게 뻗은 아스팔트를 만났다. 쉼 없이 달렸지만 커다란 아이막의 경계를 건너는 길은 아득하기만 했다. 몽골의 사막하면 고비사막이 떠오르지만 서쪽 자브항 지역에 '몽골 사막'이라 불리는 넓은 사막 지역이 있다. 자브항 아이막의 중심, 사막과 초원의 경계에 있는 호수가 울락치니 하르노르다. '하르'는 검다는 뜻이다. 호수 안에 수초가 있어 검게 보이지만 사막과의 경계는 에메랄드빛을 가진 아름다운 호수다. 호수도 아름답지만 그곳까지 가는 동안 초원과 사막이 번갈아 가며 펼쳐져 여정도 아름다웠다. 우리는 걸어서 언덕을 오르고 사막에 빠진 차를 밀며 자정이 넘어서야 호수에 도착할 수 있었다. 컴컴한 밤 도착한 초원 위에 텐트를 치고 잠이 들었다. 아침에는 우리 눈앞에 어떤 풍경이 펼쳐질까? 양말을 걸어 놓고 크리스마스 아침을 기다리는 어린아이처럼 기대를 품고 침낭 속에서 눈을 감았다.

다음 날 눈을 뜨니 바로 코앞에 호수가 있고 건너편은 사막이다. 초원과 호수, 사막 서로 어울리지 않을 것 같은 자연환경을 한눈에 담을 수 있었다. 힘들게 이곳에 도착한 여행자를 위해 자연이 준비한 서프라이즈. 서둘러 식사를 하고 400~500m 모래사막을 횡단해 에메랄드빛 아름다운 호수를 만났다. 같은 사막인데 고비와 다르다.

시간만 충분했다면 이곳에서 더 재미있게 보냈을 테지만 우리는 반나절 만에 이곳을 떠나야 했다. 물론 여행에서 반나절은 결코 짧은 시간이 아니다. 나는 에펠탑에서도, 콜로세움에서도, 융프라우에서도, 구엘공원에서도 반나절 이상 보낸 적이 없다. 하지만 이 기분은 뭘까? 그저 보는 것만으로는 아쉽고 썰매를 타고 물에 빠지는 것만으로는 부족한…. 하염없이 걷고 걸음을 멈춘 곳에 앉아 해지는 것을 보고 밤하늘의 별을 보고 모닥불을 피우고 아침의 해를 봐야 했다. 하루 더 머물러야 했다. 하지만 남은 시간에 비해 가야 할 거리가 너무나 멀었다. 가지고 있는 시간을 모두 길에 쏟아야 겨우 시간 맞춰 공항에 도착할 수 있을 터. 몽골 땅의 크기를 얕봤던 나를 탓했다.

요즘은 몽골 서쪽을 여행하는 사람들이 꽤나 많지만 그때, 텐트를 들고 떠난 우리의 여행은 특별했다. 텐트 문을 열면 타왕복드 4,000m 봉우리들이 보이고, 흰 바위가 있는 하르가스호수와 사막과 호수가 만나는 하르호수가 있었다. 그리고 다녀와 구글 어스를 아무리 뒤져보아도 이름도 사진도 안 나오는 무수히 많은 풍경을 만났다. 고단한 하루들이 반복되고 쌓이다 보면 어느새 서쪽 여정이 생각난다. 두고 온 아쉬움이 많아 오히려 다행이다.

가을, 몽골 동쪽
헨티 여행

○

동쪽으로 난 국도를 따라 달렸다. 헤를렌강을 만난 것은 오후 두 시 무렵. 울란바토르를 떠난 지 세 시간이 지나서다. 헤를렌강은 헨티에서 발원해 동쪽으로 흘러 중국 네이멍구 지역을 통과하는 몽골에서 가장 긴 강이다. 이 강을 만났다는 것은 우리가 투브 아이막province을 지나 헨티 아이막에 도착했다는 증거다.

몽골 여행을 시작한 지 13년 만에 첫 동쪽 여행이다. 몽골을 찾는 여행객 대부분은 몽골 중앙의 아르항가이 초원이나, 남쪽의 고비, 북쪽의 홉스골, 풍경이 남다르다는 몽골의 서쪽 여행을 한다. 테를지를 지나 동쪽 여행을 하는 관광객은 극히 드물다. 아마도 헨티 아이막에서 여행객을 만난다면 십중팔구는 칭기즈칸과 관련된 역사적인 장소를 방문하고자 하는 사람들일 거라고 생각하는데, 나도 그중 하나였다. 관광으로 알려진 몽골 내 대부분의 지역을 둘러보고 나서야 밀린 숙제를 하듯 원고 마감에 임박해 이곳을 찾았다.

다른 여행과 달리 큰 기대는 없었다. 역사적 의미를 제외하면 그저 작은 호수가 전부라고 생각했기 때문이다.

9월 초인데 초원은 벌써 가을 옷을 입었다. 두꺼운 구름이 먹과 물을 찍어 바른 듯 대지는 구름에 젖어 채도 낮은 수묵화가 되었다. 여름의 열기가 빠져나간 들녘은 어딘가 더 휑하다. 도로 위에서 스치듯 바라본 헨티의 인상은 그랬다. 신기하게도 헤를렌강을 지나 얼마 후 휴대폰 통신이 끊어졌다. 힐끔힐끔 스마트폰을 열어 뉴스와 메일, SNS를 확인하고 GPS로 주변 탐색을 하던 일행은 그제야 창밖으로 지나치는 풍경을 조금 더 자세히 바라보게 되었다.

봉긋 솟은 산들이 먼 곳으로 뻗어나가길 바라는 시선을 방해했다. 헨티의 풍경은 그동안 경험한 타 지역의 그것과 사뭇 달랐다. 병풍처럼 이어지는 산과 적당한 거리를 유지한 채 굽이굽이 휘는 도로는 제주 중산간이나 지방 국도변 마냥 익숙하지만 이곳 몽골에서는 오히려 낯선 풍경이다.

끊어진 통신은 호수에 도착할 때까지 돌아오지 않았다. 여행자 캠프에서 물어보니 이곳 사람들은 통신이 닿는 지역으로 이동해서 전화를 한다고 들었다. 정말인가 싶었는데 저녁 여덟 시부터 네 시간만 전기를 사용할 수 있다는 이야기를 듣고 나서야 납득할 수 있었다. 불과 울란바토르에서 세 시간 만에 깊은 오지에 도착한 것이다.

게르와 통나무집이 꽤 많은 캠프인데 손님이 없었다. 주변에도 몇 개의 캠프가 보였지만 버려진 비밀의 정원처럼 사람의 흔적이 없었다. 사람이 없는 것과 사람의 자취가 사라진 것은 느낌이 다르다. 〈콰이

어트 플레이스〉, 〈나는 전설이다〉 같은 영화 속 고요가 이곳에 발을 들여놓은 순간부터 우리와 함께하고 있다는 사실을 깨달았다. 새의 날갯짓 소리마저 들릴 것 같은 침묵이 이 풍경의 일부로 여겨졌다. 해는 아직 높은 곳에 있지만 이런 곳에서 할 일이라고는 전혀 없을 것 같았다. 전날의 숙취와 먼 길을 달려온 노곤함이 더해져 호수까지 걷는 것조차 귀찮게 느껴졌다. 하지만 침대에 누워 시간을 보내기 위해 이 먼 곳까지 온 것은 아니니 발버둥이라도 쳐야 한다는 마음으로 호수로 향했다.

사과를 닮은 호수였다. 흐흐호수khukh Nuur는 칭기즈칸이 왕의 칭호를 얻은 장소라 한다. 1189년 테무진(칭기즈칸)은 이곳 흐흐호수에서 몽골 민족 전체의 칸이 되었다. '허흐khukh'는 푸르다, '노르Nuur'는 호수라는 뜻이다. 정식 명칭은 '하르 주르흐니 허흐노르Khar Zurrkhnii khukh Nuur'로 검은 심장의 푸른 호수라는 의미다. 우리나라에는 '흐흐호수'라고 표기를 하지만 '허흐호수'가 더 맞는 것 같다. 호수 앞에는 나무로 된 길쭉한 장승들이 반원을 그리며 서 있는데 가운데 칭기즈칸을 중심으로 왼쪽으로는 아버지와 어머니, 오른쪽은 아내의 얼굴을 형상화했다. 의자와 테이블을 들고 호수에서 가까운 목초 지대로 향해 낮은 언덕 비스듬한 경사로에 자리를 잡았다. 나무 그늘이 짙은 숲속이라 여름에 인기가 많겠지만 가을 늦은 오후 나무 사이로 스며드는 빛도 아름다웠다. 우리는 따듯한 커피 한 잔에 가을을 담아 마셨다.

호수 반대편, 검은 심장이라 불리는 작은 산이 있는 곳으로 갔다. 칭기즈칸이 올라가 혼자만의 시간을 가졌다고 하는 나지막한 산이다. 높은 위치에서 내려다보니 호수가 한눈에 보였다. 애플 로고를 닮은 지름 300m의 아담한 물웅덩이. 호수를 감싼 초원 위에 가을이 물들고 노을빛이 내려앉아 풍요롭고 선명하게 느껴졌다. 단지 호수가 있는 풍경을 조망하기 위해 왔지만 마법에 홀린 것처럼 매직아워의 풍경 속으로 걷고 싶은 충동에 사로잡혔다. 우리는 멀리 어워가 보이는 곳까지 검은 산과 호수 사이로 난 산책로를 따라 걷기로 했다. 검은 심장과 푸른 호수의 사이 어디쯤이었다.

가을이라 풍경의 반은 노랗게 물들었고 모기도 날벌레도 없었다. 바람도 숨죽이고 발자국 소리마저 흡수해 버린 정적이 함께했다. 어워에 도착하니 근처 곳곳에 야영의 흔적이 남아 있었다. 가벼운 하이킹에 안성맞춤인 장소라는 생각이 들었다. 하지만 여름보다 지금 계절과 오늘 같은 날씨라면 좋겠다. 언젠가 다시 찾는다면 이곳에서 하룻밤을 보내고 싶다. 돌아오는 길, 해는 이미 능선 뒤로 넘어가 하늘 아래 모든 색이 조금 더 짙고 선명해졌다.

캠프에 도착했을 때는 이미 날이 어둑했다. 통나무집 안에 불이 들어오지 않아 커튼을 활짝 열고 식사 준비를 했다. 형태는 구분되지만 해질 녘 푸른빛을 입은 사물이 마치 모노톤의 사진을 보는 것 같았다. 이 순간의 느낌을 문장으로 묘사한 후 압축하고 생략해 마침내 하나의 단어로 만든다면 아마도 '침묵'쯤 되지 않을까 싶다. 사냥꾼이 방아쇠를 당기기 직전의 정적. 접시와 숟가락 소리가 아니면 시간조차 멈춘 것 같은 고요.

테이블 정리를 마치고 식사를 시작할 즈음 갑자기 불이 켜졌다. 아직 여덟 시가 되려면 한 시간 남았지만 해가 짧아져서 미리 불을 켜준 것 같다. 식사를 마치고 가볍게 술을 나누며 대화를 하고 있던 중 불이 깜빡이다 꺼졌다. 스마트폰을 켜고 시간을 확인하니 열 시다. 낮에 구름이 많았던 탓에 모아놓은 전기가 부족했나 보다. 잠시 후 발전기 돌아가는 소리가 들리더니 불이 들어왔다. 하지만 열한 시가 되니 발전기가 멈추고 불도 꺼졌다. 발전기에 숨어 있던 소리가 창밖에서 자신의 존재를 드러낸다. 바람이 숲을 흔드는 소리인가 생각했지만 다른 느낌이다. 별도 볼 겸 확인하러 나갔으나 문밖은 컴컴해 아무것도 보이지 않았다. 그때 손등에 차가운 무언가가 촉각을 깨웠다. 빗방울이다.

하늘에 별이 보이지 않는 것도 비 때문이었다. 어둠은 고요와 잘 어울린다. 우리는 스마트폰 빛에 의지해서 더 깊은 밤까지 이야기를 나누다 잠이 들었다. 헨티에서 만난 것은 칭기즈칸이 아니라 다른 '무엇'이다. 통신도 인터넷도 전기조차 들어오지 않는 철저하게 고립된 곳에서 나는 스마트폰에 빼앗겨온 감각을 되찾았다. 아름다운 일몰을 보며 걷고, 바람을 맞고, 흙냄새를 맡고, 빗방울을 느꼈다.

영화 〈월터의 상상은 현실이 된다〉나 〈프러포즈 데이〉에는 바쁜 도시인이 특별한 계기로 우연히 마주하는 자연이 등장한다. 자연은 가만히 존재할 뿐이지만 사람은 그곳에서 변화하고 전환의 계기를 맞는다. 만약 그런 낯선 공간이 당신에게 필요하다면 몽골의 동쪽 헨티를 추천한다.

초원의 낮잠

○

햇살이 따갑게 내려 앉아 가만히 누워 있을 수 없었다. 자리에서 일어나 주변을 둘러보니 엉뚱하게 나무 한 그루가 있다. 그리로 가서 나무에 등을 기대고 앉았다. 수평선 같은 초원이 펼쳐져 있다. 잔잔한 바람이 붓질을 하듯 초원이 일렁인다.

소란스러움이 느껴져 고개를 돌리니 초원 한가운데 사람들이 모여 있다. 초등학교 4학년쯤 되어 보이는 아이와 아빠가 그늘을 찾아 이쪽으로 왔다. 아이 아빠는 긴 여행으로 지친 표정이 역력했다. 그는 나무 그늘 가장자리에 누워 잠이 들었다. 아빠 옆에 있던 꼬마는 혼자 심심할 만도 한데 천진난만한 모습으로 재미있게 놀았다. 어쩌다 아이의 놀이에 동참하게 되었다. 별것 아닌 내 말과 행동에도 아이는 진심으로 즐겁게 반응해 주었다. 지평선 멀리 있던 구름이 타임랩스처럼 거대한 그늘을 몰고 와 나무 그림자를 삼켰다. 아이 아빠는 일어나 인사를 남기고 먼저 일행들 사이로 사라졌다.

문득 내가 있는 이곳이 어딘지 궁금하던 참이었다. 사방에 아무것도 없는 초원이라 도무지 알 수 없었지만 어딘가에서 본 것 같은 그리움을 품은 풍경이다. 아이의 얼굴을 보고 알게 되었다. 초등학교 4학년이었던 내 아이의 얼굴이다. 멀리 일행이 부르는 소리가 들렸다. 아이는 너무 재미있어서 즐거웠다고 해맑게 웃으며, 허리까지 숙여 고맙다는 인사를 했다. 나는 두 팔을 벌렸다. 그리고 품에 안긴 아이를 꼭 껴안았다. 내 인생에 가장 깊고 긴 포옹이었다.

그들은 노란 미니버스를 타고 항가이의 지평선 너머 홉스골로 사라졌다. 나는 초원에 다시 홀로 남았다. 6년 전 풍경 그대로였다. 무게를 참지 못한 구름이 툭 하며 뺨 위에 빗방울 하나 떨구더니 구멍 난 것처럼 멈추지 않고 흘렀다.

8장 · 낯선 몽골 여행, 몽골의 서쪽에서 동쪽까지

함께 갑시다

○

나이가 들수록 편안한 여행을 찾게 된다지만 요즘은 나이를 떠나 편한 것을 추구하는 사람들이 부쩍 많아졌다. 내 주변에도 호텔에서 편하게 쉬는 여행을 좋아하는 친구들이 대부분이다. 문밖의 여행(자연여행)을 권해도 편안함을 포기할 수 없다는 그들의 신념은 확고하다. 하지만 달거나 짠 한 가지 감각을 자극해 맛있는 음식을 만들 수 없듯 좋은 여행이란 편안함 만으로 완성되지 않는다. 맵고 짜고 때로는 시고 밋밋해야 맛이 풍부해지는 음식처럼 여행도 그렇다.

나 역시 도시여행을 사랑했다. 낯선 여행지를 찾을 때마다 그들의 역사와 다른 생활 방식을 경험하고 싶은 마음이 가득했다. 짧은 시간에 많은 욕망을 채워 넣으려다 보니 세계의 다양한 문화가 공존하는 메가 시티(도쿄, 상하이, 런던 같은)를 좋아하게 되었다. 어느 나라를 여행하건 그 나라의 가장 큰 도시부터 여행하는 것은 당연했다. 그리고 어디에서나 익숙하게 머물 수 있는 호텔을 선호했다. 마치 냉장고에 덕지

덕지 붙이는 마그네틱을 모으듯 전리품이라도 되는 양 도시를 수집해 왔다.

하지만 도시 수집 여행은 2011년 몽골 여행을 계기로 슬그머니 막을 내렸다. 이후 캠핑을 시작하게 되면서 어느새 나의 시선은 도시의 울타리 밖을 향하게 되었다. 도시 인프라의 도움 없이 자연에서 하룻밤을 보내는 감동을 알게 되었기 때문이다. 자연에서 하룻밤을 보낸다는 것은 일출과 일몰을 감상할 수 있다는 것을 의미한다. 우리가 만날 수 있는 가까운 자연은 산이다. 해가 뜨면 산에 오르고 해가 지기 전 내려오는 등산에서는 만날 수 없는 일몰과 일출의 감동을 캠핑과 하이킹을 통해 배웠다.

우리가 사는 도시는 해가 져도 침실 스위치를 내리기 전까지 밤이 오지 않는다. 하지만 자연에서는 지는 해와 천천히 내려앉는 어둠을 느낄 수 있다. 그 어스름은 까만 밤의 여백으로, 아침의 푸른 기운으로 이어진다. 콘크리트 벽 안에서 잠들고 일어나는 일상에서 느끼지 못한 새로운 감동이었다. 오래전 아웃도어에 진심인 지인들이 시골 민박집이건, 해외 숙소건 자기 매트에 침낭을 펴고 자는 모습을 보며 유난을 떤다고 생각했는데 어느새 내가 그런 행동을 하고 있다. 이제 호텔의 편리함보다 내 텐트, 내 침낭과 매트에서 하룻밤을 보내는 것이 편하다. 그것만 있으면 어떤 풍경도 나만의 공간으로 만들 수 있다. 도시의 편안함에 취한 사람들은 자연을 찾는 대신 회색빛 도시 안에서 해상력이 좋은 모니터와 스피커로 자연의 풍경과 소리를 듣고, 고급 인센스와 방향제로 자연의 향을 피우고, OTT로 자연 다큐멘터리를 보고, 비싼 돈을 지불하며 유기농 음식을 먹는다. 하지만 그들의 호흡은 콘크리트 안에 갇혀 자연을 만나지 못한다. 도시의 바람이 반갑지 않은 이유는 대로변과 골목을 샅샅이 훑고 콘크리트 벽에 부딪쳐 오는 바람이기 때문이다. 하지만 초원을 만나보고서야 내가 바람을 좋아하는 사람이라는 것을 알게 되었다. 저 멀리 지평선부터 높고 낮은 초원을 스치며 키 낮은 초목을 흔들며 불어오는 바람.

직업, 경쟁, 스트레스, 다양성, 소음, 관계, 중독…. 도시의 삶은 책상 밑에 엉켜 있는 전기선보다 복잡하다. 우리에게는 단조로움이 필요하다. 우리가 불편함을 감수하면서 자연으로 떠나려는 것은 도시에서 생긴 수많은 복잡함, 질병에 대한 처방이기 때문이다. 1900년대까지만 해도 도시에 사는 사람은 인구의 15%에 불과했다고 한다. 현재는 전 세계 인구의 70%가 도시에 살고 있다. 아프리카 대륙에서 시작된 호모 사피엔스는 20~30만 년이라는 긴 세월을 자연에서 생존해 왔다. 진화심리학에는 사바나의 법칙 Savana principle이 있다. 서로 다른 대륙에서 촬영한 다섯 개의 자연 사진 중 가장 편안한 마음이 드는 사진을 선택하도록 했다. 보기는 활엽수림, 침엽수림, 사막, 사바나, 열대우림의 사진이었는데, 가장 많은 표를 받은 사진은 사바나였다고 한다. 인류의 조상은 오랜 시간 나무가 없는 탁 트인 경관에서 활동했다고 한다. 사바나는 포식자로부터 몸을 숨기기 좋으며 시야가 넓어서 생존에 적합했고 그래서 그 풍경이 우리의 DNA에 남아 편안함을 느끼게 한다는 것이 꽤나 신빙성 있는 가설이다. 세상에 아름다운 자연과 풍경이 많지만 왜 몽골의 초원이 유독 편안하게 느껴지는지 고개를 끄덕일 수 있었다.

하지만 중요한 것은 이유가 아니라 결과다. 나는 몽골의 자연에서 편안함을 느낀다. 종교를 가진 사람들이 예배당이나 법당에 다녀올 때의 기분과 비슷하다. 이 좋은 경험을 나 혼자 즐기기에는 아까워 친구들을 강제로 연행해 떠나게 되었다. 처음에는 그들에게 더 좋은 경험을 제공하고 싶어 여정과 스케줄에 신경을 썼다. 하지만 이제는 그러지 않는다. 내가 마음 쓰지 않아도 자연이 나에게 그랬던 것처럼 그들에게도 보여줄 거라는 믿음이 생겨서다. 덕분에 지난 13년 동안 많은 지인이 원정대와 함께 몽골에 다녀왔다.

언젠가 여러분도 인생에 한 번쯤은 그 풍경 안에 들어가 보길 바란다. 다소 불편한 여정이 될 수도 있다. 몽골이 교회나 절처럼 매년 쉽게 갈 수 있는 곳도 아닌데 한 번 다녀오는 것이 어떤 의미가 있을까 묻는다면 나는 이렇게 답할 것이다. 눈을 감으면 펼쳐지는 초원의 이미지는 오직 경험한 사람만의 것이라고.

Epiloge

여행을 함께한
당신에게

어느 가을, 고비 홍고링엘스 사막에서 커피를 내리던 자화가 말했다.
"형은 책을 이미 낸 사람이고, 우리 여행을 잡지나 신문에 소개하기도 했잖아요. 몽골을 여행한 지도 벌써 7년이 넘었고요. 그런데 몽골에 관한 책은 언제 쓸 거예요?"
"난 아직 몽골에 대해 모르는 게 많아. 내가 만약 몽골에 대한 책을 쓴다면 몽골의 자연을 찾아 떠나는 사람들을 위한 가이드북을 만들고 싶어. 두근두근 몽골 원정대라는 이름으로 함께 떠난 친구들의 다양한 이야기도 담고 싶고."
"그런데 왜 안 써요? 그동안 우리가 함께 여행하면서 찍은 사진과 이야기가 이미 충분하잖아요."
"아직 부족하다고 생각해."
"몽골 21개의 아이막 중에 11개 아이막을 함께 다녔어요. 그런 사람은 몽골에서도 많지 않아요. 그런데 부족하다고요?"
"그래. 난 아직 몽골을 잘 몰라. 동쪽이나 서쪽 끝까지는 가보지 못했잖아. 그리고 무엇보다 아직 몽골의 겨울을 경험하지 못했어."
"좋아요. 그러면 내년에는 겨울 여행을 해요."
"그래. 그러면 그동안 아껴둔 서쪽과 동쪽 여행도 다녀오자!"
우리는 약속을 지켰다.

2019년 2월 우리는 영하 57도에 이르는 몽골의 겨울을 여행했다. 그리고 그해 여름 서쪽으로 떠났다. 하지만 우리의 몽골 여행 10주년이 되던 해 마지막 동쪽 여행을 앞두고 팬데믹이 세계를 삼켰다. 그 시간 동안 책을 쓸 수도 있었지만 나는 그러지 못했다. 끝나지 않을 것 같았던 코로나가 끝나고 마침내 동쪽 여행도 다녀왔다. 그리고 드디어 지금까지 시도하지 못했던 여행을 시작했다. 지나간 기록 속으로의 여행이다.

이 기록은 소중한 친구 자화 덕분에 가능했다. 그리고 원정대를 몽골의 자연으로 안내해 준 바츠라, 빌게, 미코, 우츠카, 두식에게 감사한다. 여행을 함께 해준 친구들 YuriyA, 최선호, 대준, 민기, 상우, 영경, 호진, 성조, 경민, 성규, 천일, 은희, 경근, 승진 그리고 소중한 여행을 함께한 원정대 수희, 이정민, 홍선호, 두팔, 모짜, 병환, 윤석, 정호, 승원, 수빈, 가은, 성윤, 수준, 태민, 나영, 선영, 윤정민, 예린 등 17기까지 원정대분들, 책 작업에 도움을 준 우랑거, 정원, 멋진 캘리를 그려준 Toycat에게 감사 인사를 드린다. 이 한 권의 책이 만들어질 수 있도록 격려와 지원을 보내주신 김산환 대표님과 박해영 차장님, 그리고 지금까지 자연여행을 배려해 준 나의 사랑하는 가족에게도 깊은 감사를 드린다.

몽골 친구 자화의 글

션Sean 형은 저에게 여행에 대한 완전히 새로운 시각을 보여주고, 우리나라의 자연이 얼마나 놀랍고 특별한지 깨닫게 해준 친구입니다. 우리는 우리의 여정을 '우정 여행'이라고 부릅니다. 이것이 우리 여행의 본질이자 정신입니다. 두근두근 몽골 원정대와 같이 몽골의 차강사르(설명절)에 우리 집에 와서 전통식으로 부모님과 인사를 나누고, 몽골 최북단 러시아 국경 다르하드 허트가르를 함께 산책했으며, 몽골 서쪽 국경에서 말을 타고 타왕복드로 승마 여행을 했습니다. 여름에는 우리 여름집(별장)에 와서 불을 피우며 노래를 불렀고, 나의 친구와 만나 초이왕(볶음면, 몽골 음식)과 맛있는 허르헉을 맛보기도 했습니다. 친구가 없다면 이런 경험은 아무리 돈이 많고 좋은 여행사가 있어도 하기 힘든 경험일 것입니다. 우리만의 작은 역사가 담긴 책이 한국에서 출간된다니 너무나 기쁩니다. 많은 한국분들이 우리 이야기를 함께 느끼고, 같은 시선으로 몽골의 대자연을 여행하시길 기원합니다. 부디 이 책이 한국인에게 몽골을 알리는 데 도움이 될 뿐 아니라 몽골인에게도 새로운 관점으로 몽골을 볼 수 있는 계기가 되길 바랍니다.

자화

Sean ах бол надад эх орныг минь ямар гайхалтай, онцлог, давтагдашгүй болохыг ойлгуулсан аялал гэдэг зүйлийг цоо шинээр харах боломж олгосон найз минь юм. Анх бид сайн найзууд, ахан дүүс байсан бол одоо бараг нэг гэр бүлийн гишүүд шиг болжээ. Аялал хүнийг тэгэж ойртуулдаг, туршиж шалгадаг шидтэй бололтой. Бид өөрсдийн аялалаа үргэлж "Нөхөрлөлийн аялал" гэж ярьдаг. Энэ бол манай аяллын бусдаас ялгарах онцлог болоод амин сүнс нь юм.

Аялагчид маань өвөл цагаан сараар манай гэрт ирж аав ээжтэй минь Монгол ёсоор мэндчилэн золгож, зуны цагт манай лагер дээр ил гал түлж дуу дуулан, найзууд маань ирж гарынхаа хорхог, цуйван гэх мэт амттай хоол хийж өгөн, дархадын хотгор өвлийн тайгаар зугаалан, алтай таван богдоор морьтой аялж явлаа. Иймэрхүү зүйлсийг найзууд биш л бол ямар ч мундаг аяллын компани, хичнээн мөнгөтэй байгаад ч гадны жуулчдын хувьд бараг л хийх боломжгүй зүйлс юм. Гадаад хүн нэг улсад 13 жилийн турш 20 удаа дахин дахин ирж аялна гэдэг энгийн зүйл биш бөгөөд энэ бүх түүх, дурсамж, туршлага, мэдээлэл зөвхөн бидний баяр баясгалан байгаад зогсохгүй Солонгос улсад ном болон хэвлэгдэн олон хүмүүс бидний ертөнцөөр хамт аялах болсонд туйлын их баяртай байна. Зохиолч маань өөрөө мэргэжлийн гэрэл зурагчин хүн учраас маш сайхан хором мөч, байгаль ахуйг буулгаж чадсан. Тус ном нь зөвхөн Солонгос хүмүүст Монголын талаар мэдэхэд тус болоод зогсохгүй, олон олон Монголчууд маань ч гэсэн эх орныхоо талаар өөр нэг өнцгөөс уншиж үзээсэй гэж хүсэж байна. Маш их баярлалаа, эрүүл энхийг хүсье !

Ganjavkhlan Chadraabal

두근두근 몽골 여행

2024년 5월 10일 초판 1쇄 펴냄

지은이 표현준
발행인 김산환
책임편집 윤소영
편집 박해영
디자인 페이지제로
펴낸곳 꿈의지도
인쇄 다라니
출력 태산아이
종이 월드페이퍼

주소 경기도 파주시 경의로 1100, 604호
전화 070-7535-9416
팩스 031-947-1530
홈페이지 blog.naver.com/mountainfire
출판등록 2009년 10월 12일 제82호

ISBN 979-11-6762-092-7 (13980)

지은이와 꿈의지도 허락 없이는 어떠한 형태로도 이 책의 전부, 또는 일부를 이용할 수 없습니다.
※ 잘못된 책은 구입한 곳에서 바꿀 수 있습니다.